ビジネス教養として知っておきたい

世界を読み解く「宗教」入門

小原克博
Katsuhiro Kohara

日本実業出版社

はじめに

『ビジネス教養として知っておきたい　世界を読み解く「宗教」入門』というタイトルを見て、何を想像したでしょうか。

そもそも、この世の実際的なこと、特に利益を上げることを目的とする「ビジネス」と、一見、浮世離れした「宗教」と、どのような関係があるのかと、いぶかしく思われた方もおられるに違いありません。しかし、反対方向を向いているかのように見える二つのもの、ビジネスと宗教は、実はかなりおもしろい組み合わせだということを、本書では述べていくつもりです。

この世には無数のビジネス書が出回っています。それらの多くは、いかに仕事を効率的にこなしていくか、あるいは、成功するビジネスの秘訣とは何かを語っています。このような本をたくさん読む中で、考えさせられ、身につくことも、きっとあるに違いありません。しかし、本書はむしろ、ビジネスという営みそのものを外部（非日常）の視点から対象化し、そこに異質なものの見方を持ち込むことを目指しています。

毎日のように繰り返されている「日常」に１００％満足している人には、本書のような本は不要かもしれません。しかし、「日常」に対してしんどさを感じている、あるいは、慣れきった「日常」を再活性化したいと願っている人には、「非日常」の視点が、ときとして役立ちます。本書は、宗教という素材を駆使して、その視点を提供したいと考えています。

もちろん、「ビジネス教養として知っておきたい」というタイトルを掲げている以上、「仕事の役に立つ知識」も十分に意識しています。第1章から早速、なぜビジネスパーソンにとって、宗教の知識が必要なのかを述べていきます。そして、ビジネスにとって重要な創造性やイノベーションを促したり、企業活動の理念を再確認したりするための有用なリソースの一つとして「宗教」を考えていきます。

ただし、本書は現役の社会人だけを想定しているわけではありません。想定する第一の読者は確かにビジネスパーソンですが、将来のビジネスパーソンである学生にも、ぜひ読んで欲しいと願っています。また、職業の種類・有無にかかわらず、人生を新しい角度から見直してみたいという人にとっても、考えるヒントを多数提供できるようにしたつもりです。

近年、多くの企業が研修の一環としてリベラルアーツ型の学びを取り入れるようになってきました。リベラルアーツの重要性についても詳しく述べていきますが、一般に「教養教育」と訳されることの多いリベラルアーツは、その訳語に到底収まりきらない歴史的なダイナミズムを持っています。

それぞれの企業が、自分たちの専門領域を極めるだけでなく、持続可能な成長のために、より広い知識と「気づき」を求めようとしていることは、時代の流れでもあるのでしょう。本書が、そうした新しい取り組みの一助としても用いられることを願っています。

2018年10月

小原克博

目次

ビジネス教養として知っておきたい
世界を読み解く「宗教」入門

第2章

現代の宗教地図
――今、世界で何が起こっているのか

第3章

一神教を理解する

――グローバル・アクターとしての宗教とビジネス

第4章

日本宗教のユニークさ

――宝は足元にある!?

第5章

ビジネスの課題と宗教の役割
——これからの時代をどう生きるか

カバーデザイン／竹内雄二
本文デザイン・DTP／初見弘一

第1章

今こそ必要とされる「宗教」の知識

――グローバル時代を生き抜くために

TOPIC 1

なぜ宗教の知識が必要なのか

メディアが流す世界の宗教情報

ビジネス活動が急速にグローバル化する中、多くのビジネスパーソンが世界情勢に関心を向けています。世界情勢を伝えるニュースの中でも、しばしば関心を引くのがテロなどの事件です。海外での勤務や海外出張があるビジネスパーソンは、とりわけ、そうした事件には敏感にならざるを得ません。新聞やインターネットなどのメディアは最新の情報を得るという点で確かに有用です。しかし、メディアは事件やその背景の全体像をいつも的確に伝えているとは限りません。

メディアの流す情報は、基本的に事件性のあるセンセーショナルな事柄です。平和な安定した生活はニュースにはなりません。たとえば、テロと聞けば、イスラーム過激派や

「イスラム国」（ＩＳ）が連想されてしまうほど、イスラームやムスリム（イスラーム教徒）がメディアによって頻繁に取りあげられていますが、実際にイスラームに関連する情勢の全体像をつかむことは簡単ではありません。本書では、メディアの情報だけでは手が届きそうにない宗教の実情に迫っていきたいと考えています。

世界には無数の宗教がありますから、それらすべてを網羅的に扱うことはできません。しかし、主要な宗教に対する基本的な理解を持つことができれば、新聞などの記事を読んでも、読み方の深さが大きく変わってくるはずです。

そこで最初に、本書の特徴を二つ示しておきましょう。第一に、**宗教の細部の知識ではなく、それを俯瞰する視点を提供すること**です。第二に、**宗教の知識や知恵と、私たちの現実生活（ビジネス世界を含む）を結びつける視点を提示すること**です。

本書で取りあげる主要宗教のそれぞれの詳しい内容については、すでに膨大な数の本が出ています。そこで本書では、参考になる良書を欄外で積極的に紹介していきます。[*1] この本が、すでにある類書と異なるのは、宗教を解説するだけでなく、ビジネスとの接点を積

[1] たとえば、井上順孝編著『**要点解説 90分でわかる！ ビジネスマンのための「世界の宗教」超入門**』（東洋経済新報社、2013年）は、実にわかりやすく、忙しいビジネスパーソン向けに主要宗教の勘所をまとめてくれています。

極的に探り、展開している点です。

ビジネスと宗教のつながり

かつて、国内だけで十分にビジネスが成り立っていた時代がありました。しかし、今や、国内だけをマーケットにし、必要な資材や人材を国内だけでまかなうことのできる業種は少なくなりつつあります。ビジネス全体がグローバル化する中で、これまで出会うことのなかった人々、労働環境、そして価値観と向き合うことも増えてくるでしょう。海外のビジネス・パートナーと交渉したり、あるいは、海外から日本の職場に人を招くということは、すでに多くの企業で行われています。

こうした状況と宗教が、どのように関係するのでしょうか。これから、そのことを少しずつ論じていきますが、もっとも根本的なのは**「人間が信頼し合うためには、どのようにしたらよいのか」**という問いです。宗教と聞くとテロを連想してしまうような時代の中で、これは決して簡単なことではありません。他人を信頼することをやめ、怪しいと思われる人々を排除することに熱心になることのほうが簡単です。テロのような直接的な暴力行為だけでなく、差別的・排外主義的な感情が今や世界中に拡散しています。そして、このような時代であるからこそ、緊張した状況を冷静に見据え、より安定した関係、信頼し合える関係をどのようにすれば構築できるのかは、ビジネスの世界においても問われているはずです。

2017年に、トランプ大統領が誕生してから、アメリカでも排外主義的な移民政策が打ち出されてきました。歴史的にいえば、アメリカは多様な背景を持った移民によってできた国であり、その多様性こそが、アメリカのビジネスの強さでもあります。そのことを多くのビジネス関係者が知っているがゆえに、フェイスブック、アップル、アマゾンなどの企業が、排他的な移民政策に対する批判を表明しました。

ビジネス・リーダーたちが政治的な表明をすることはときとしてリスクを伴います。しかし、危機的な状況の中で彼らが見解を述べることによって、一般の人々は指針を与えられ、また励まされるのです（もちろん、巨大企業によって間違った誘導がなされる危険性もあります）。

日本の企業では、こうした精神風土や大胆さはないかもしれませんが、ビジネス・リーダーたちは、ただ商品やサービスを売るだけでなく、社会に精神的な影響を与えることができる存在だということが理解できるのではないでしょうか。

■日本人と宗教

日本社会では宗教的背景に配慮しなければ仕事ができないという状況は、通常はありません。しかし、**世界の中には、宗教的な価値観が、職場を含め、生活の隅々に行き渡っている社会があります。**そのような社会から日本にやって来て働いている人に対し、「郷に入れば郷に従え」で、日本の流儀に従ってもらうという考えもあるでしょう。

しかし、「日本以外の世界ではどうなっているのだろうか」「そこでは、どのような生活習慣や価値観があるのだろうか」という関心を持つことなしに、ただ日本のやり方を押しつけるだけでは、互いの信頼関係を育むことはできません。異なる文化的背景を持った人同士が心を開く関係になれるかどうかは、**相手が大切に思っているものを尊重できるかどうか**にかかっています。

生まれ育ちが異なれば、ものの考え方が異なるのは当然です。特に宗教的な影響力が強い環境で育った人たちは、日本社会の通常の尺度で計れない価値観を持っている可能性があります。そのような違いがあることを想像しながら、すぐにはその価値観を理解できなくても、理解することに努め、わからないなりに尊重する、という態度で接することができれば、人間関係はよい方向に変わっていくのではないでしょうか。支配・従属の関係ではなく、お互いにリスペクトできる人間関係を作ることが、ビジネスの世界でも求められるはずです。私たちは**多文化共生のビジネス・モデルを構築すべき時代に生きている**のだと認識すべきでしょう。

本書では、主に**キリスト教**や**イスラーム**のような「**世界宗教**」について触れていきます。これらの宗教は世界の各地に信徒やコミュニティを有していますが、日本では少数派であるため、十分に理解されているとはいえません。では反対に、私たちは日本の宗教について十分に理解しているのでしょうか。神社や仏教寺院は私たちの身近にありますが、**神道**や**仏教**について確かな知識を持っているといえる人は、決して多くないでしょう。

多くの日本の家庭には「家の宗教」があり、それが浄土宗であったり、臨済宗であったりするということは、もちろん一般的には理解されています。しかし、お寺とのつながりが、もっぱら葬儀に限られる場合、浄土宗や臨済宗が、そもそもどのような特徴を持った仏教なのかが理解されていることは、まれでしょう。

戦前には今と違った状況がありました。20世紀はじめ頃から、仏教を中心とした宗教教育を行う「**仏教日曜学校**」が全国的に広まっていました。そこでは法話を聞いたり、仏教唱歌を共に歌う中で、仏教の教えを自然に身につけていくことができました。

なぜ、このような活動が盛んであったのかというと、仏教にとって、神道を中心とする国づくりの中で行われた明治初年（1868年）の**廃仏毀釈**《はいぶつきしゃく》は、それまで経験したことなかったような大きな危機であり、仏教復興のためには日曜学校のような学びの場・布教の場が必要であったためです。また、仏教日曜学校が始まったほぼ同じ時期に、キリスト教の日曜学校も日本で作られています。キリスト教に対する対抗意識からも、仏教日曜学校は重要な役割を担ったと思われます。

しかし戦後、公教育においても、お寺においても、子どもたちが宗教について学ぶ機会は著しく失われることになりました。その結果、現在では、若い世代に限らず、**ほぼすべての戦後世代において、宗教的な基本知識（宗教リテラシー）が欠如している**といえます。

■戦前・戦後の宗教教育の違い

宗教リテラシーの欠如は、戦後日本社会の特徴の一つにあげることができます。戦後、宗教教育が教育の表舞台から追い出されることになった背景には、戦前のネガティブな経験に対する反動があります。

明治期以降、神道が国策の中心に据えられ、国民教化もまた神道を中心になされました。**教育勅語**（明治天皇の勅語として1890年に発布）により教育の大きな方針が示され、国が天皇家によって作られたこと、天皇の臣民としての国民は忠誠と愛国の姿勢を示すことなどが求められました。これが教育の基本とされ、それを具体的に担ったのが「**修身**」(現在の「道徳」に近い)という教科でした。修身は徳性の涵養《かんよう》を目的としましたが、万世一系の天皇に対する忠義を求める風潮が強くなる時代の中では、宗教教育のような役割も果たしました。

しかし、終戦に伴い、1945年には修身が、1948年には教育勅語が廃止されました。こうして戦前の教育体制が解体される中から、日本の戦後教育が始まったのですが、戦前の教育・社会体制が戦争につながったという反省から、宗教教育は徹底して公教育から排除されることになります。戦後世代のすべての人が経験してきたように、学校で学ぶ宗教に関する知識といえば、最澄が比叡山で天台宗を開いた、といった年代的な出来事だけであって、それぞれの宗教・宗派の教えや特徴に踏み込んだ学びは、ほとんどなされていません。宗教系(宗門系)の中学・高校や大学などに行くと、キリスト教や仏教などの特定の宗教・宗派について十分に学ぶことはできますが、学校の建学の理念となっている宗教や宗派以外のことを学ぶ機会は決して多くありません。

したがって、学校のいかんにかかわらず、私たちの足元にある日本の宗教について総合的に学ぶ機会は、想像以上に少なく、結果的に、特別な機会を得た人ではない限り、日本の宗教の全体像はいうまでもなく、自分の家の宗教についてすら基本的な知識を持つことができなくなってしまったのです。

外国人に日本文化を紹介するには

近年、日本に来る観光客やビジネスパーソンは増え続けています。東京オリンピックに向けて、なおその数は増えていくことでしょう。来日した人々に、日本の文化や宗教について尋ねられたとき、どのように答えることができるでしょうか。外国人でなくてもかまいません。もし遠くに住む日本の知人がやって来て、近くの寺院仏閣を案内することになったとき、自信を持ってそれらを説明することができるでしょうか。

たとえば、外国人の中には**禅**に関心を持っている人がたくさんいます。禅に対する関心は、海外では非常に高く、また実際に実践している人もかなりの数になります。アメリカやヨーロッパの大きい都市に行くと、たいてい「**ゼン・センター**」あるいは「**ゼン・メディテーション・センター**」と呼ばれる坐禅を実践できる場所があります。

他方、日本人の中で禅に対する関心を持ったり、実践したりしている人は決して多くありません。茶道や華道、柔道や剣道など、禅文化に関連する芸術や武道を通じて、その雰囲気になじんでいる人はいるにしても、その人たちが禅の基本的知識を習得しているわけでは必ずしもありません。海外から「私は日本の禅や枯山水（庭園）に関心があるんだ」という人がやって来た場合、その人を禅宗の寺院に案内することはできるでしょう。しかし、その歴史的背景や精神性、禅と日本の伝統文化との関係などを自分の言葉で説明できる人は多くはないでしょう。

かといって、私たちが皆、禅に細部まで習熟する必要があるわけではありません。宗教と文化あるいは日常生活は密接に関係しています。たとえば、私たちが日常感じたり、大切にしている「簡素さ」は、禅の文化に由来することが多いのですが、そうした身近な経験を言語化し、伝えることができれば、禅に関心を持つ外国人に対し、きっとよい刺激になるでしょう。茶道、華道、日本庭園、能などは簡素さと幽玄さを体現した禅文化の代表例ですが、それに限らず、禅文化は様々な形で変形され、私たちの日常の中に溶け込んでいます。それを見つけるためには**私たちの日常を「当たり前」として見過ごすのではなく、そこに何があるのか、隠されているのかを知ろうとする気持ちが大切**です。日常の謎解きをするための手がかりとしても、宗教に対する基本的な知識が役に立ちます。

さらに、日本の文化や宗教をわかりやすく伝えるためには、自分たちの足元にある**日常に目を向けるだけでなく、日本の外にある宗教や文化との「比較の視点」を持つ**ことが重要になってきます。世界中の宗教を知り尽くすことなど到底できませんが、主要な宗教に対する基本的な理解を持っているだけで、それとの比較の中で、日本の文化や宗教の輪郭をよりわかりやすく描き出すことができるはずです。このような基本姿勢は、ビジネスという場においても役に立つことでしょう。

■禅とビジネスの関係

ビジネスと宗教の関係についてはこれからいろいろと論じていきますが、手始めに、ビジネスと禅の関係を考えてみましょう。この点に関して、よく紹介されるのは、2011年に亡くなったアップルの創業者スティーブ・ジョブズが禅に傾倒していたということです。この背景には、企業はいかにしてイノベーションを起こし、またそれを持続できるのかという「問い」があります。

IT関連企業などでは、新製品を出しても競合他社にすぐに模倣されるので、競争力を維持するためには、絶えずクリエイティブな発想で、次の製品開発に取り組む必要があります。しかし、ただガムシャラに努力しても、それがイノベーションにつながるわけではありません。むしろ、頭を落ち着かせたほうが、新しいアイディアを生み出す力が喚起されるのではないかという期待もあって、ビジネスパーソンたちが禅に代表される瞑想に関心を寄せるようになったのです。

グーグルやインテルなどのＩＴ企業が採用して有名になったものに「**マインドフルネス瞑想**」があります。日本でも関連の本が多数出版され、中には「マインドフルネス瞑想で売り上げアップ」のような、少々行き過ぎた表現が出てくるものもありますので注意が必要ですが、いずれにせよ、心の持ち方とビジネスの関係に熱い関心が向けられていることは間違いありません。

■マインドフルネス瞑想

マインドフルネスという言葉が日本のビジネスシーンで使われ始めたのは、比較的最近のことです。しかし、私自身がマインドフルネスに近い考え方を初めて聞いたのは、２００３年、奈良でダライ・ラマと対話したときのことでした。その年の3月にイラク戦争が始まっており、戦争という危機的状況に対して宗教者は何ができるのかということが、対話のテーマの一つになっていました。その中で、ダライ・ラマが心の平安について語ったのですが、それを聞いていた私は、正直にいえば「戦争の最中、心の平安を語っても意味がないだろう」と考えていました。しかし、長期的に見れば、一人ひとりの心のあり方は、戦争という行為も含む、社会のあり方に少なからず影響を及ぼすだろうと今は考えています。

もちろん、心のあり方によって戦争がすぐに止まるわけではありません。それでも、情報があふれ過ぎて、またそれゆえに特定の情報に扇動されやすい時代の中で、自分と異なる立場や意見を持つ人々に対し、すぐに怒りや嘲笑で反応するのではなく、感情をコントロールして、事態をより冷静に見ることのできる人が増えれば、社会は暴力的な方向に向かわなくなるのではないでしょうか。

私が会った当時から、ダライ・ラマは仏教の瞑想を科学的に検証したり、応用することに関心を持っていました。彼は、スタンフォード大学などと協力しながら、深い瞑想状態にあるチベット僧の脳波を測定することによって、瞑想の現代的意義を探っていました。仏教の特別な教えを学ばなくても、あるいはチベットの山奥に行かなくても、呼吸法などの作法を身につければ、都会のただ中においても、深い瞑想をし、心を落ち着かせることができるのではないか、ということです。こうした関心がビジネスパーソンをはじめ、一般の人々の間で徐々に広がっていき、現在のマインドフルネス・ブームにつながっています。

マインドフルネス瞑想では、宗教的要素を極力排除し、科学的手法であることがしばしば強調されます。しかし、社会に普及してきた歴史的背景を考えるなら、マインドフルネス瞑想には宗教性が潜在的に組み込まれているといってよいでしょう。何が宗教的か、そうでないかをめぐる議論は、現代という時代の特性を考える上で興味深いものですが、本書では広い意味で「宗教」というものをとらえていきたいと思います。

TOPIC 2

ビジネスと宗教の関係

組織の持続性と改革

ここから少しずつ、ビジネスにとっても有用なリソースとなり得る宗教的な伝統や知恵を見ていきます。「ビジネス」と「宗教」という言葉を挙げると、「その二つに何の関係があるの?」と考えるのが普通でしょう。「宗教」には世俗的ではないものを追求するというイメージがあるのに対し、ビジネスは、お金を儲けるために人間の欲を駆り立て、まさに欲望の中心へ向かっていくようなイメージがありますから、両者が正反対を向いているかのように思えるのも不思議ではありません。

しかし、**宗教とビジネスは、同じ人間が持っている欲求の違う形の発露であると考えることもできます。**その二つが類似した関心を持つこともあれば、補完し合うこともあります。そこで両者の関係性について考えていきます。

まず取り上げたいのは「**組織の持続性と改革**」というテーマです。今、世の中には数え切れないほどの会社があります。グローバルなビジネスを展開している、日本を代表するような会社としては、パナソニックやソニー、三菱など、いくつも挙げることができるでしょう。シャープもその一つです。しかし、シャープですら、2016年、台湾のIT企業に買収される事態となりました。一時の栄華を誇った企業でも、今後、どのくらい存続できるのかは誰にもわかりません。IT企業の覇者として名を馳せているマイクロソフト、アップル、フェイスブック、グーグルなどの大企業は、今見る限りは未来永劫続くのではないかと思わせるほどの影響力を持っていますが、50年後も間違いなく存在しているでしょうか。時代の変化が激しいために、一時的に栄華を誇っても、時流が変わり、その栄華が一気に失われていくということもあり得ます。

大企業が、今の状況や活力を維持したいと考えるのは当然ですが、**人間が作り出した組織や共同体の多くは、残念ながら永続性を持たないことを歴史が示しています。**たとえば、ローマ帝国など、強大な力を誇った大帝国が、かつていくつも存在していました。しかし、そのいずれもが、数百年程度で終焉のときを迎えています。

その中で**宗教、特に世界宗教といわれるものは、もっとも長い持続性を持っている組織**

といえます。時代や場所の変化に応じて教義や形態などは変化していきますが、いや、まさにその変化のゆえに、世界宗教は持続してきました。キリスト教は2000年、そのキリスト教を生み出したユダヤ教はそれ以上の長さの歴史を有していますし、一神教の中でもっとも若いイスラームでも1400年以上の歴史があります。2500年の歴史を持つ仏教は、発祥の地インドでは衰退するものの、東アジア一円に広がり、今や欧米各地でも多様な仏教寺院を見ることができます。

組織の長期に及ぶ持続性を考える際のキーワードは「適応」と「変化」です。長い歴史を有している宗教は、それが伝搬した先の文化土壌に適応し、長い時代の中で変化していきます。しかし、適応や変化を遂げつつも、起源的な教えは継承されています。起源的な教えは、企業でいえば「**社是**」「**社訓**」「**企業理念**」に当たるかもしれません。帝国や文明が滅んでも、なお持続してきた宗教という組織の生命力がどこにあるのかは、持続可能性に関心を持つ、現代の企業にとっても、考える価値があると思われます。

■宗教による人類の進化

宗教的な視点を持つことのおもしろさは、伝統的な宗教組織にとどまらず、人類史全体に目を向けることができる点にあります。広い意味で宗教を理解すれば、宗教は人類が誕生し、拡大していく過程において大きな影響を及ぼしていることがわかります。そのことについて、フランシス・フクヤマというアメリカの著名な政治学者が、次のような興味深い指摘をしています。

〝宗教を抜きにして、人類が小さな群れに過ぎなかった社会を超えていかに発展していったのかを理解することは不可能だ。（中略）それ〔宗教意識〕によって、人間社会は環境に対してなんらかの作用を及ぼそうという望みを抱く。〟[*2]

フクヤマは人類の始まりから現代まで「政治がどのように誕生し発展してきたのか」をたどっていきます。彼によれば、人類の起源において、他の動物と大きな力の差を持たなかった人間が集団を形成し、それを発展させていく上では、宗教意識が不可欠であったということです。

一人ひとりがバラバラの方向を向いていたのでは、効率的な狩りや農耕ができないだけでなく、一定数を超えた大きな集団がまとまることはありません。集団をまとめるような

2 フランシス・フクヤマ『**政治の起源**』上（会田弘継訳）、講談社、2013年、72ページ。

理念としての宗教性あるいは儀礼を持つことによって、個人では難しかった行為が集団として実現できたり、あるいは、小さな家族単位では継承できないような知恵や技術が世代を超えて継承され、蓄積されていきます。

一人の人間が一生の間に経験できることや、習得できる知識やスキルは限られています。しかし、現代人であれば、幼稚園から始まり、各種の学校で様々な知識を教えられ、それを自分のものとしていきます。私たちは「地球が丸い」ことを自力で発見する必要はありません。何世紀も前に発見され、検証されてきた知識や記録を、学校教育を通じて、コンパクトな「知」として受け継いでいきます。このような知の集積、知の継承をしていくためには、今も昔も、組織化された集団が不可欠なのです。

人類が集団において共有した最初の記憶の一つが「**神話**」です。自分たちの集団が一体どこから来たのか、自分たちの世界がどのようにして誕生したのか、ということに人は関心を持ち続けてきました。世界の各地で多様な神話や物語が作られ、継承されてきましたが、その過程において、宗教が大切な役割を果たしてきました。

●知識・経験の継承と宗教

フクヤマが指摘していたように、宗教儀礼によって「人間社会は環境に対してなんらかの作用を及ぼそうという望みを抱く」のであり、これは他の動物には見られない人間だけの特性です。

古代社会における宗教儀礼において、もっとも一般的であったのは降雨の儀礼でした。雨が長期間降らなければ作物は枯れ、集落の存続が危ぶまれます。しかし、現実には、どの世界においても日照りは起こります。そのときに、人間だけが、人間を超えた超越的存在に対し祈願し、ときに犠牲を捧げることによって、雨を降らせてくれるはずだと信じたわけです。

自分たちが特定の行為をすることによって、自然や気候に影響を及ぼすことができるという発想は、人間にしかできません。気象衛星から送られてくるデータによって天候を予測することのできる現代から見れば、降雨の祈願は非科学的な行為として馬鹿にされるかもしれません。

しかし、環境に対して作用を及ぼしたいという人間の原初的な欲求が、様々な道具や技術を生み出し、私たちが今、享受しているような、自然から必要な情報やエネルギーを取り出すという段階にまで導いていったのです。

■宗教を知ることは人間を知ること

以上からわかるように、**「宗教を知る」ことは「人間を知る」こと**です。宗教は人類の歴史と深くかかわっており、「人間はどのような存在か」を教えてくれる重要なリソースの一つです。

しかし、日本で宗教に関心があるというと、「危ない」「怪しい」といったネガティブな印象を持たれる場合が少なくありません。こうした印象には、1995年に起きたオウム真理教による地下鉄サリン事件や、2001年のアメリカ同時多発テロ事件、さらには近年のＩＳ等のイスラーム過激派グループによるテロなどが影響しているのでしょう。

確かに、宗教は社会に対して危ない存在になる場合があります。人の心に巧みに入り込み、心を操作して、ときに集団を反社会的な方向に導いていくことがあります。しかし他方、人の心を良い方向に導いて、今まで実現し得なかった方向へと飛躍させてくれる力も、宗教の中にはあります。つまり、宗教を学ぶことによって、人間が徹底的に悪いことをしかねない存在であるという「闇」の部分にも、また、これまでの間違いに気づき、それを克服していこうとする「光」の部分にも触れることができるのです。

人間はその両面を持っているものです。**単純に悪でもなければ、善でもない人間の複雑**

さを、宗教という「レンズ」を通じて、より具体的かつ客観的に見ていくことができます。

「宗教は危ないもの」というバイアスをかける前に、人間そのものを知る「窓」として宗教を学べば、それは私たちの日常生活を見つめ直すことのできる知識や知恵になります。

理念の形骸化と再活性化

会社を含む組織の持続性を考える際の重要な歴史的教訓として「**理念は必ず形骸化する**」という点をあげることができます。宗教であれ、企業であれ、多数の人がかかわりながら集団が持続していくためには、人々をつなぎとめる中心的な理念が必要になります。人が増えて、そのために理念が必要になるという場合もありますが、ある魅力的な理念があって、そこに人が集まる場合が多いのではないでしょうか。組織にとって、理念はそれだけ重要なものですが、長い歴史を有している宗教組織は、ほぼ例外なく、最初の理想や理念を時代とともに失ったり、変質させています。宗教に限らず、どのような組織も大きくなるにつれて、理念は形骸化し、ときに「化石」のようになってしまいます。つまり、**形骸化する理念をいかに蘇らせるか、再活性化させるかは組織の持続性にとって、大きな課題となります。**

松下幸之助が作ったパナソニックのように、偉大な創業者が興した会社が日本にはいくつもあります。１００年以上の歴史を持つ老舗企業は日本に2万社以上、また、３００年以上の老舗企業も４００社以上あります。[*3] 松下幸之助は、創業者の理念を整理したり、明確化するための機関としてＰＨＰ研究所を作りました。京都駅前にあるＰＨＰ研究所には松下幸之助記念館があり、松下グループ関係者に限らず、多くの方が彼の経営理念を学ぶために訪れています。しかし、このような優れた学びの場を持つ松下グループの社員ですら、理念を継承することは決して容易ではありません。**創業者の遺訓をただ記憶し、反復するだけではなく、それを自分たちのものにしていくためには、絶えず考え続け、ときには自分たちの言葉で「発音し直す」必要があるのです。**

どのような組織も大きくなるにつれ、構造が固定化したり、権威主義的な統治システムになったり、あるいは、システムが複雑になって、相互のコミュニケーションが取れなくなったりします。しかし、それにもかかわらず存続し続けてきた組織は、ラディカルともいえる改革運動によって、大胆な新陳代謝、スリム化、再活性化を行ってきたといえます。宗教におけるそうした改革の事例を二つ取りあげてみます。

■宗教改革と鎌倉仏教

一つは、中世ヨーロッパにおける**宗教改革**です。当時、カトリックがその栄華を極める一方で、金銭問題、権力の腐敗などが常態化していました。16世紀に起こった、**マルティン・ルター**らの宗教改革は、最初からカトリックからの分離運動を望んだわけでなく、こうした問題を明るみに出し、改善することを求めたのです。ルターは、贖宥状《しょくゆうじょう》（免罪符）を購入するといった人間の行い（善行）によってではなく、信仰（神の恵み）によってのみ人は救われると主張しました。また、教会が出す、数え切れないほどの複雑な指示や教えではなく、大切なのは聖書だけであり、神と人との間に仲介者は不要であると考えました。当時、聖職者しか読むことができなかったラテン語の聖書を、一般の人でも読むことができるようにドイツ語に翻訳したこともルターの大きな

宗教改革を行ったルター

3 帝国データバンク資料館・産業調査部編『**百年続く企業の条件――老舗は変化を恐れない**』朝日新書、2009年、50ページ。

理念の再活性化

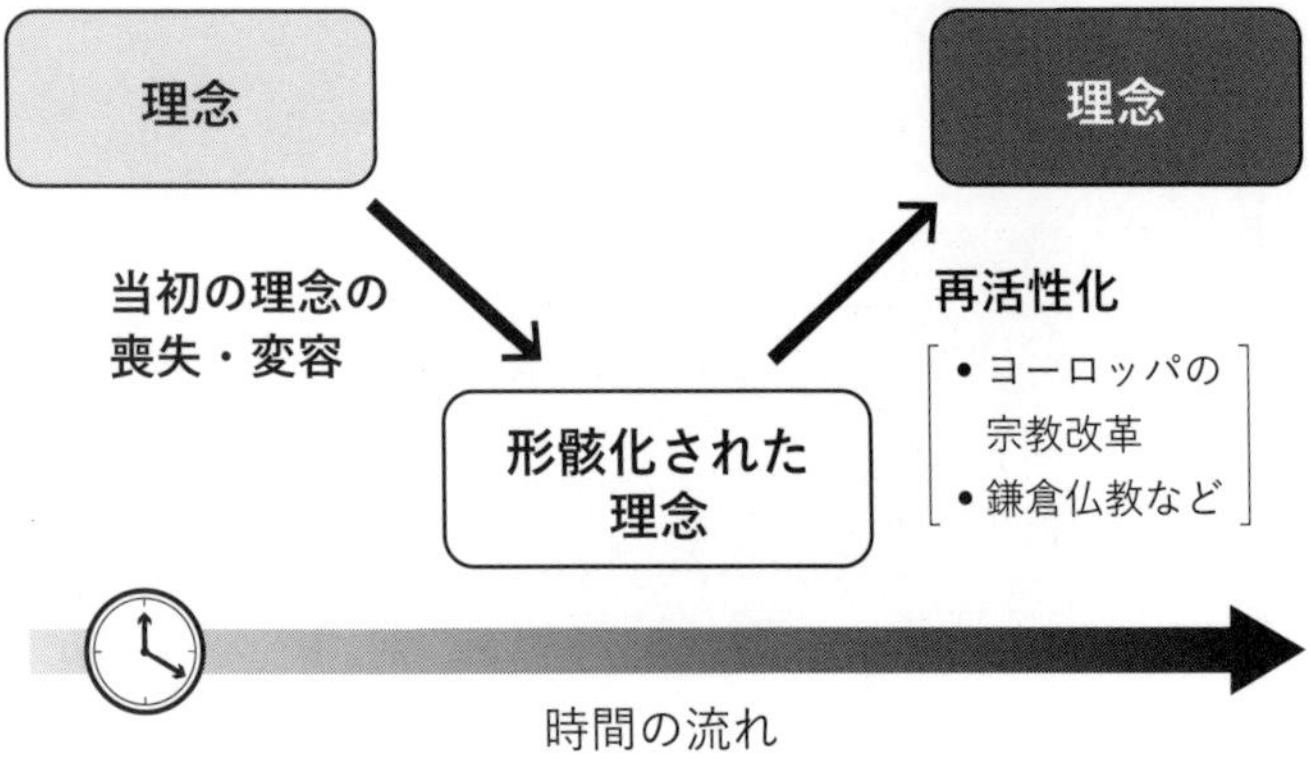

功績です。言い換えれば、**メタボ化した組織体から贅肉をそぎ落とし、エッセンスを明確にして、誰でもアクセス可能な「オープン・システム」を再構築し、原点に立ち帰ろうとした**のです。

ヨーロッパの宗教改革に先立ち、日本でも改革運動がなされました。12～13世紀における**鎌倉仏教**の形成です。6世紀に日本にもたらされた仏教は奈良を中心に発展しましたが、教義は複雑化し、一部の民衆仏教を除けば、一般大衆からは縁遠いものになっていました。

そこで**法然**《ほうねん》、**親鸞**《しんらん》らは「念仏のみ」によって救われること、すなわち、難しい経典を読むことなく、また、困難な修行をすることなしに、念仏さえ唱えれば救いにあずかることができると説きました。この教えと運動は比叡山を中心とする既存の仏教勢力から弾圧されることになりましたが、大衆の心を強くつかみました。

また、**日蓮**《にちれん》は多くの経典の中で法華経を重視し、「法華経のみ」ともいえる立場を取りましたが、これはプロテスタント宗教改革の「聖書のみ」としばしば比較されます。浄土宗、浄土真宗、日蓮宗と並び、鎌倉仏教の中核を担った禅宗についても、現代の言葉でいえば「シンプリシティ」を重んじ、後の室町文化の起爆剤となったことはいうまでもありません。簡素なものへの気づきが、茶の湯、生け花、水墨画、能、武道などの豊穣な文化を生み出すことになりました。

いつの時代も、改革運動は既得権や権威を持つ体制側から弾圧されました。しかし、**既存の仕組みからはみ出すような改革のエネルギーを、ただ押さえ込む方向で処理するのではなく、それをいかに組織変革の力に結びつけていくか**が、現代の企業にも問われているのではないでしょうか。その知恵や手がかり、失敗の教訓を、宗教の歴史の中に見出すことができるはずです。

TOPIC
3

利己主義と利他主義の関係

貧富の格差の拡大

通常、企業は自社の利益を最大化することを目的としていますので、その意味で「**利己主義**」といってよいでしょう。同業他社と競争して、生き残る必要がありますから、利己主義なしに企業の持続可能性はありません。

一方、利己主義の反対語として「**利他主義**」があります。他者を利する行為に多くの宗教が積極的な価値を置いてきました。個人や企業が持つ利己主義と、宗教が教える利他主義は正反対のようでもありますが、本書では、**利己主義と利他主義という二つの異なるベクトルを合わせ見ることによって、私たちの世界の見方を少しでも変えること**を目指しています。

グローバル・ビジネスが展開する中で、企業による経済活動や、その影響力は、一昔前と比べて格段に大きくなっています。様々なモノやサービスが世界中に拡散し、地球上のすべての人々の生活が豊かになればよいのですが、実際には貧富の格差が拡大しています。絶対的な貧困状態は少しずつ改善されていますが、貧富の格差の拡大には歯止めがかかっていません。

世界の貧困問題に取り組んでいるNGO団体の一つに「オックスファム」があります。オックスファムの最近の報告によれば、世界の62人の富豪が、最貧困の状態にいる35億人分と同じ富を有しているとのことです。経済的な豊かさが幸せのすべてではないとしても、この不均衡は仕方がないとして放置してよいものなのでしょうか。富の分配は、資本主義経済が成立して以来の難問の一つです。

一生かけても使い切れないほどのお金を持っている人がいる一方で、日々の食べ物や必要な医薬品すら買うことができない人々が同時代の地球上に多数いるという現状を、どのように理解すればよいのでしょうか。企業が自己利益を追求することの意味、また、それが社会や企業の持続可能性とどのように関係するのか、いくつか事例を挙げて考えてみたいと思います。

■企業と社会の関係

ジョン・ブラウンらによる『コネクト――企業はいかに社会と積極的にかかわることで成功するのか』（*Connect: How Companies Succeed by Engaging radically with Society*, 2016 未邦訳）は、企業と社会の関係を扱った本ですが、アメリカでベストセラーになりました。

ブラウンは、もともとBPという、アメリカの石油会社のCEOを務めていた人です（2010年、BP社はメキシコ湾で大規模な原油流出事件を起こしましたが、彼はその前にCEOを辞めています）。彼はこの本の中で、自らの経験を振り返りながら、社会を欺いたり、社会から収奪するような形で成長している企業は結果的に続いていかない、と述べています。問題の事例として、彼はフォルクスワーゲン社による排ガス試験の不正事件（2015年）を挙げています。また、三菱自動車が燃費試験に関する不正を行っていた事件（2016年）も、私たちの記憶に残っています。

一方でブラウンは、社会との関係を持ち、自らの利益をそこに還元しようとするような利他的な精神を持っている会社は、結果として評価され、安定した経営を行っていることが多い、とも述べています。利己主義を徹底すれば、短期的には利益を上げることができるかもしれません。しかし、長期的に見れば、極端な利己主義は企業精神を蝕んでいく危険性があるということです。

企業と道徳

利他主義が企業の経営にどう取り入れられているのか、日本の例も挙げてみましょう。近江商人の商売の心得は、もっともよく知られている「商道徳」の一つですが、今にも通用する教訓を含んでいるように思えます。

中世から活躍し、江戸時代には活動エリアを全国に展開していった近江商人は、全国区ビジネスの先駆けともいえます。近江商人たちは、自己利益を最大化することではなく、**「売り手よし、買い手よし、世間よし」**という、後に**「三方よし」**としてまとめられる思想・道徳を持っていたといわれています。売り手の都合だけで商売をするのではなく、買い手が心の底から満足することを大事にし、さらに商売を通じて社会（世間）の発展にも貢献しなければならない、という考えがそこにはあります。

近江商人の系譜に連なる高島屋、伊藤忠商事、丸紅、東レ、日本生命、武田薬品工業などの企業の中には、「三方よし」を連想させるような社訓を持っているものもあります。たとえば、高島屋の創業の精神である店是《てんぜ》には、「確実なる品を廉価《れんか》にて販売し、自他の

日本資本主義の父　渋沢栄一

利益を図るべし」とあり、自社のみならず顧客や社会全体の利益の追求を、創業以来の理念としていることがわかります。

　近江商人の時代にとどまらず、近代でも経済活動における道徳の重要性を説いた人物がいました。「日本資本主義の父」といわれ、生涯において500もの企業の設立にかかわった**渋沢栄一**（1840－1931年）が、その代表的な人物です。彼が設立した組織の中には、日本で最初の銀行といわれる第一国立銀行（現・みずほ銀行）や理化学研究所もあります。近代日本の経済人として筆頭にあげられる渋沢は、社会の発展に対する経済活動の重要さを十分に理解した上で「**道徳経済合一説**」を説きました。道徳と経済活動は両立しなければならないのだ、ということです。彼は『論語』の教えに基づきながら、私利私欲に走ることを戒め、むしろ他者の利益や公益を求めるべきことを主張しました。

　ただし、公益を追求できる経済活動がなされるためには、それにかかわる企業や個人が十分な利益を出し、財政的な基盤を持っている必要があります。つまり、健全な経済活動あっての道徳でもあるわけで、その意味で、**道徳と経済は一体的なものであるべき**だと渋沢は考えたのです。このような視点から、先に挙げた利己主義と利他主義の関係を見ると、両者は必ずしも反対方向を向いているわけではないことがわかるでしょう。

渋沢自身は、幼少期から学んできた『論語』を中心とする儒教的な教えに依拠していましたが、他の宗教に対して関心がなかったわけではありません。彼は、宗教者同士の相互理解と協力を推進する組織である「**帰一協会**」の設立（１９１２年）にもかかわり、財政的な支援をしていました。また、同志社（英学校）の設立者である新島襄《にいじまじょう》（１８４３－１８９０年）が、将来的な大学設立を目指して関東地方で募金活動を行っていた際に、渋沢は新島を助けるため、各方面に声をかけています。新島はキリスト教主義の大学をつくろうと奔走していたわけですが、知育（知識教育）と徳育（道徳教育）を両立させなければならないと主張していた新島の考えに、渋沢は共感していたのかもしれません。

渋沢同様、儒教の教えに影響を受けながら、「商道徳」の重要性を訴えた人物として、先に挙げた（32ページ参照）**松下幸之助**（１８９４－１９８９年）がいます。彼は「**道徳は実利に結びつく**」を基本において経営を行ないました。松下は後に「経営の神様」と呼ばれるほどビジネスにおいて成功したことはいうまでもありませんが、ＰＨＰ研究所を設立し（１９４６年）、倫理教育にも力を入れました。ＰＨＰは“Peace and Happiness through Prosperity”（繁栄によって平和と幸福を）の頭文字をとったもので、松下幸之助

「経営の神様」　松下幸之助

の願いを反映しています。その他、松下政経塾を立ち上げ（１９７９年）、政治家の育成にも関心を向けたことからもわかるように、経済が健全に発展していくためには、良識ある政治家の存在が欠かせないと考えたのです。

　現在の日本社会を見渡したときに、渋沢栄一や松下幸之助が望み描いたような経済人あるいは政治家がどれほどいるのか、利己主義と利他主義を両立できる企業がどれくらい存在するのか、私たちは真剣に考えてみる必要がありそうです。

消費主義と宗教的な知恵

　企業がただ利己主義的に儲けようとした結果、何が起こったかを振り返ることも大切です。ビジネスの拡大は経済格差を大きくしてきただけでなく、地球環境にも数々のダメージを与えてきました。また、豊かな国がその豊かさを享受するために、貧しい国の資源を搾取し、環境破壊を起こすこともあります。

それは近年始まったことではありません。たとえば、日本が産業化を目指す中で、**足尾銅山鉱毒事件**が起こりました。この事件は、19世紀末から社会の電気化が進むと同時に、日露戦戦争などの軍需の中で、銅の需要が急増したことが背景にあります。当時、足尾銅山がその需要に応える中で、もっとも近代的な採掘機械を導入したものの、銅山から有毒重金属を含む廃水が流れ、漁業・農業に甚大な被害をもたらしたのです。いち早く、その問題の深刻さに気づいた田中正造は1891年、国会で政府の対応を批判しますが、企業も政府も聞く耳を持ちませんでした。結果的に、1907年、谷中《やなか》村が廃村となりました。文字通り「富国強兵」の犠牲となったのです。

国家や企業が強くなるために、成長するためには、少々の犠牲はやむを得ないという考え方が日本の近代史の中には深く刻み込まれています。戦後の水俣病、イタイイタイ病など公害病のことを考えても、こうした発想は戦後になっても引き継がれてきたといえるでしょう。たとえば、労働者の「過労死」が近年、社会問題となっていますが、近代以降、国是のように日本社会を覆ってきた経済成長至上主義（成長神話）は、今も健在です。**成長神話から抜け出す知恵、人間の欲求を適切にコントロールする知恵が求められているの**ではないでしょうか。

多くの宗教は、人間がとても欲深い存在であることを知っています。それゆえに、人間の欲深さを認めた上で、それをいかにコントロールするか、様々な知恵と思索が宗教伝統の中では蓄積されてきました。たとえば、仏教には「足るを知る」という考え方がありま す。「もっともっと」ではなくて「もう十分」という感覚を持つことによって、経済成長ばかりに目を奪われるのではなく、特定の人や地域に犠牲を強いることのない「成熟した社会」を目指すことも可能なのではないでしょうか。

技術はどんどん進歩し、新しい製品が次々に誕生します。ＩＴ機器やスマートフォンなど、新製品が出ると、機能に大差がなくても、欲しくなります。それが売れれば、技術革新はさらに進み、消費欲求は拡大していきます。つまり、**技術の進歩と消費欲求は、無限の上昇スパイラルを形づくっています。**技術が新しい欲求を駆り立て、そして人の欲求が新しい技術を生み出していきます。これが成長神話の構造です。しかし、無限に上昇し、拡大していく人間の欲求をコントロールしなければ、地球環境は持続不可能となりますし、貧富の格差が是正されることもないでしょう。こうした課題を持った時代の中で、ビジネスや経済活動のあり方を考えていくことは、とてもチャレンジングなことです。

逆説的に聞こえるかもしれませんが、**成長神話から脱するために、宗教の知恵を活用**できないでしょうか。そのようなことを具体的に考えていくためのステップとして、次の章では、現代世界における宗教の様子を見ていくことにします。

第2章

現代の宗教地図

——今、世界で何が起こっているのか

TOPIC 1

人類と宗教

世界の現在と未来を知るために

今、世界で何が起こっているのでしょうか。様々な角度から世界の事象を見ることができますが、現状や大きな動きを俯瞰するために宗教の視点は役立ちます。この章では、宗教の多様性を理解する視点を育むことを目的として、ヨーロッパ、アメリカ、ラテンアメリカ、中東、アジアの各地を概観し、その中で世界の近未来の姿や課題も描いていきたいと思います。世界の宗教事情が現在あるような姿になっているのには、当然のことながら歴史的な経緯があります。それを踏まえれば、これから先どのようになっていくのかも、ある程度は予測することが可能です。

宗教に対する基本的な理解なしに、この世界を理解することはできません。このように言うと、大げさに聞こえるかもしれません。現に、宗教に対する知識なしに、私たちは日常生活を送ることができます。しかし、日常を越えた、より広い世界を視野に入れようとすると、宗教の基本的な知識の有無が大きな違いとなって現れます。

私たちは、国境線によって区切られた世界を前提にしており、海外旅行に行く際には国境線を越えるためにパスポートが必要です。また、行き先の国別のガイドブックなどを手にしながら、未知の世界へと乗り出していくことになります。ところが、人類史全体から見れば、国境線によって区切られた近代国家の仕組みができたのは、ごく最近のことです。それ以前には国境を意識することなく、人やモノの自由な往来があり、そうした広域ネットワークのベースに宗教がありました。**宗教の広がりを意識することによって、私たちは国境線にとらわれ過ぎる世界の見方から、自由になることができます。**

過去や現在だけでなく、未来社会においても、宗教は世界情勢や人々の生き方に深くかかわり続けることでしょう。9・11のテロ事件や、アルカイダやISなど過激な宗教集団の影響で、たまたま、21世紀の初頭、宗教が私たちにとって目立つようになったというわけではありません。科学が進歩し、世俗化が進み、世界のグローバル化がさらに進展する中で、かえって宗教がその存在感を増してくる可能性があるのです。

20世紀においては、宗教が21世紀において大きな役割を果たすと考えた人は、決して多くありませんでした。むしろ、科学が進歩していけば、宗教が語るような非科学的な教えは、いずれ淘汰されていく、あるいは、宗教は存在したとしても社会の片隅に追いやられていくだろうと考える人が圧倒的に多かったのです。人間社会は、いっそう理性的・合理的になり、宗教などに頼らなくても生きていけるようなる、という未来像があったのです。

ところが、人間は残念ながら、それほど理性的、合理的な存在ではありません。一人の人間でも、理性的に振る舞うときもあれば、そうでないときもあります。社会や国家も同様です。人間の理性や合理性に対し、大きな期待が持たれた時代はかつてもありました。科学が大きく進歩した19世紀後半はまさにそのような時代でした。ところが、科学的合理性を手にしたはずの人類は、二つの世界大戦を行い、同胞を殺し合う、血で血を洗うような蛮行に手を染めることになりました。**理性や合理性だけで整理することのできない人間の複雑な心の内面、それと社会との関係、そこに生じる価値の多様性などを正面から受けとめようとするとき、宗教の視点や役割を無視するわけにはいかないのです。**

人類のヒトとしての共通性

宗教を学ぶことによって人間の価値観の「多様性」に触れることができます。多様性に対する理解は、本書全体を通じて追求していくテーマでもありますが、ここではその前提として、人類のヒトとしての「共通性」について確認します。

　世界における宗教の分布について説明していくのは、宗教の違いや多様性を理解することが、人を理解し、信頼関係を築く上で大事だからです。しかし、「違い」ばかりを強調していると、あたかも人類が宗教の違いによって分断されているかのようなイメージを持ってしまう危険性もあります。実際、宗教の違いによって他者を攻撃するような風潮も、現代世界にはありますので、「違い」の語り方には注意が必要です。宗教の違いや、それに基づく文化や習慣の違いを見ると、「私たちとあなたたちは全然違います」と言いたくなることがたくさんあるかもしれません。しかし、生物学的にヒトとして見た場合、私たちが持っている身体や脳の構造は、ほとんど同じです。背の高さが違ったり、肌、髪の毛、目の色が違ったり、ということはありますが、そのような外見的な違いは、遺伝学的に見れば、ごくわずかの差に過ぎません。ヒトという種は、他の生物種と比べても、種における遺伝的同質性が極めて高いといわれています。ところが私たちは**「見た目に惑わされてしまう」という性質を持っており、その点を自覚しておく必要があります。**

　ヒトは遺伝学的な共通性を持っている一方、同じ構造と機能を持った脳が、自分が生まれ育った環境の中で、様々な物語や世界の理解の仕方を吸収し、情報が脳に書き込まれていきます。さらに、その情報は文化や宗教を通じ、世代を超えて継承されていきます。結果として、環境の違いによって、世界の認識の仕方に大きな差が現れますが、**違いを敵対感情の源泉にするのではなく、むしろ、多様性として受けとめることができるかどうかが、今、問われているといえるでしょう。**私たちはヒト、人類として比類のない共通性を持っているという、科学の知見を理解した上で、文化的・宗教的な多様性に向き合っていくべきなのです。

「あなたは宗教的ですか？」

現代世界における宗教的な多様性を、代表的な宗教を取りあげながら見ていく前に、そもそも現代世界は宗教的なのか、そうでないのかを見てみましょう。52〜53ページの世界地図は、「宗教的かどうか」をアメリカの調査機関ギャラップが調査し（２００６－０８年）、その結果を国ごとに濃淡の違いで表したものです。

「あなたは宗教的ですか？」とストレートに問われた場合、どう答えるでしょうか。日本では多くの人が「私は宗教的ではない」と答えます。「宗教」とか「宗教的」といったことを、どのように理解するかによって、この質問に対する答えは変わってきます。日本で宗教的かどうかと聞かれると、特定の宗教団体に帰属して、そこに定期的に通っているかどうかというイメージを多くの人が持ちます。たとえば、キリスト教の教会へ、日曜日ごとに礼拝に通うようなイメージです。このようなイメージが前提にあると、「家に仏壇はあるけれど、お坊さんと会うのはお盆やお葬式のときぐらいなので、自分は宗教的とはいえない」と判断するのが普通です。

しかし、実際に多くの日本人は、年末年始に神社仏閣を訪れ、お盆やお彼岸のときには先祖に対する供養をします。そして余暇には、たくさんの観光客が、神社仏閣など宗教的な施設をめぐることを楽しみとし、四国八十八カ所の霊場をめぐるお遍路にも巡礼者の足が途絶えることはありません。つまり広く考えるならば、日本人は宗教的ではないとは簡単にはいえません。**宗教的かどうかは定義の仕方によって変わるのであって、「日本人は宗教的ではない」と思い込むよりは、アメリカなどとは異なるタイプの宗教的な態度や習慣を持っていると理解したほうがよいでしょう。**

ギャラップの調査がどのようになされたかというと、「宗教的かどうか」は尋ねられた側に任せています。宗教や宗教的ということの中身を具体的に定義して「あなたはそれに該当しますか?」と質問しているのではありません。したがって、「私にとって宗教は大切です」と自己申告する人が多くいる国は、地図上の色が濃くなります。

「宗教的かどうか」のアンケート調査

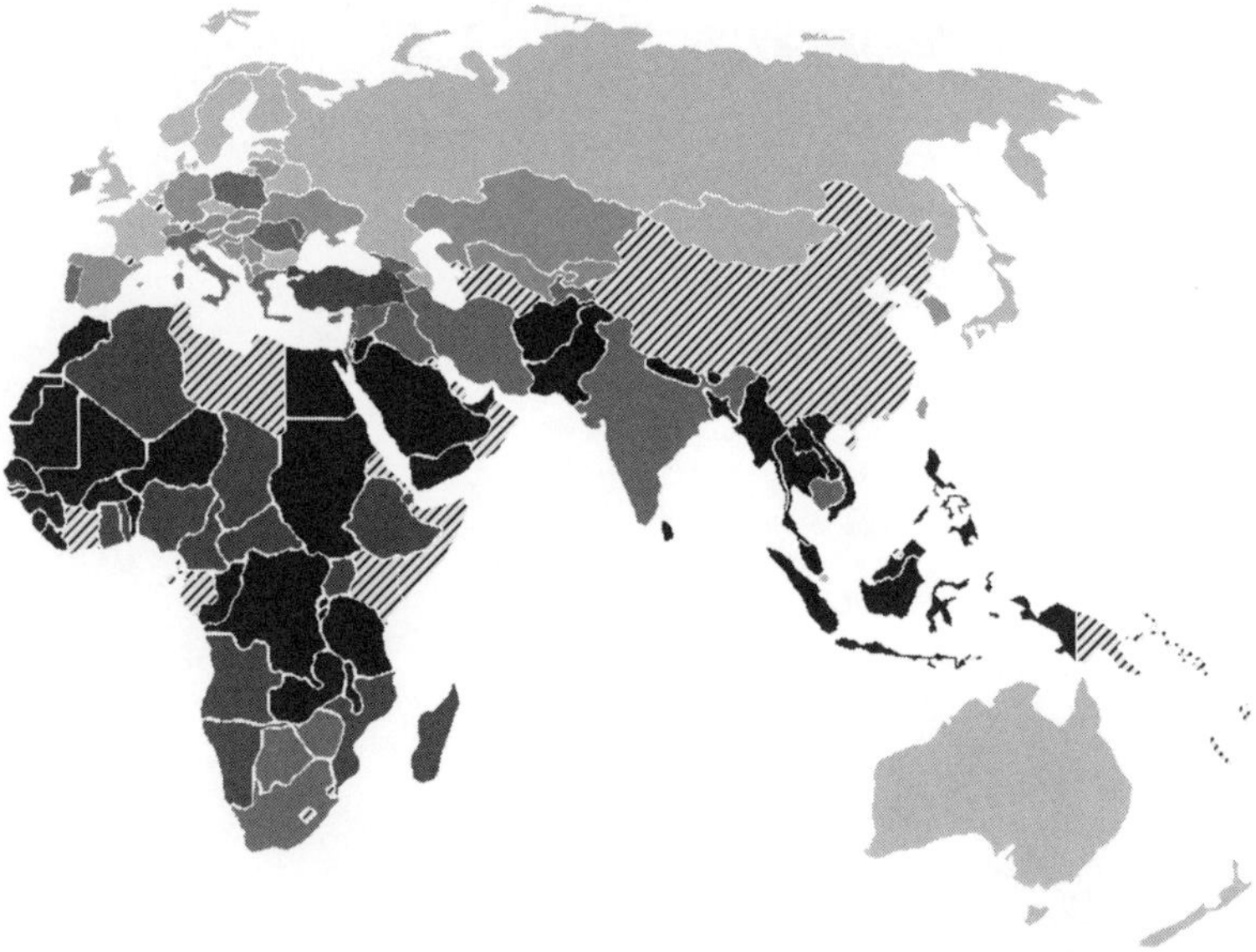

ギャラップ2006－08年調査より

　こうした背景を理解した上で、地図上の濃淡の違いに目を向けてみましょう。

　アフリカ、中東、東南アジアの国々の色が濃いのは一目瞭然です。後に、それぞれの地域の宗教的特性については述べますが、大ざっぱにいえば、色の濃い国々の多くは、イスラーム教徒あるいはキリスト教徒がたくさんいる国です。反対に色の薄い国に目をやると、日本やロシア、そしてヨー

ロッパの一部が目立ちます。アメリカ合衆国は、濃い色と薄い色の中間になっています。ヨーロッパは全体的には薄くなっていますが、イタリアやスペイン、ポルトガル、ポーランドなどは、やや色が濃いことがわかります。同じキリスト教圏でも、カトリック信徒の多い国は宗教色が強く出る傾向があるといえるでしょう。

これからの宗教地図

細かいことをいえば、同じ国や地域においても宗教の分布に違いがあります。一つの国の成り立ちや文化的・宗教的な背景を知ろうと思えば、こうした細部も重要になります。しかし、今は細部ではなく、世界の宗教状況を大きく俯瞰することに注意を向けましょう。先ほどの地図を見て、わかることがもう一つあります。世界は一方的に世俗化しているわけではなくて、今後も宗教が世界の情勢に関与してくるだろうということです。薄い色の部分が地図上にたくさんあるように、世界の特定の場所では、自らをあまり「宗教的」とは考えない人が多数いて、そこでは社会が「世俗化」しているといってもよいでしょう。宗教に特別依拠することなく日常生活が送れる国々であり、日本もその一つです。ただし、先にも述べたように、日本のような「世俗化」した社会であっても、幅広く宗教を考えれば、決して、宗教的な要素や関心がなくなったわけではなく、伝統的なものが形を変えて存在していると考えたほうがよいのです。

現在、世俗化が進んでいるヨーロッパは、過去何世紀にもわたってキリスト教世界の中心をなしていました。今は状況が変わってきたとはいえ、その名残は、ヨーロッパを旅行すれば各地で見ることができます。ヨーロッパを訪れる観光客が好んで訪れる場所の一つに、教会や大聖堂(ドーム)があります。ところが、何百人も収容できるような立派な教会建築であっても、日曜日の礼拝に来る人は、ごくわずかということもあります。また、教会が施設を維持できなくなって身売りし、今はパブやナイトクラブになっているということも、イギリスなどでは起きています。

産業化が十分に進んだ社会は世俗化に向かっている、ということはヨーロッパに関してはいえそうです。ヨーロッパ社会を前提にして「ヨーロッパ以外の国々も、科学的な合理性が普及すれば、遅かれ早かれ、宗教は力を失い、社会は世俗化していく」という考えが20世紀に影響力を持ったのも無理はありません。

しかし、実際、世界全体を見渡すと、すべての地域がヨーロッパのような世俗化へと向かっているとは到底いえません。**世俗化が進んでいる社会が存在する一方、世俗化に反する形で、宗教に対する関心や情熱が、今まで同様、あるいは今まで以上に高まっている地域もあります。**1980年代以降、世界の各地で宗教復興運動が見られるようになりました。そして、人口比的にいえば、世界は世俗化しているどころか、反対により宗教的になっています。この背景には「宗教的」と自認する人々が多い社会では出生率が高く、世俗化した社会では出生率が低いという人口動態の違いがあります。そのような背景も意識しながら、次に世界の宗教を類型的な視点から俯瞰していきましょう。

TOPIC 2

宗教の類型①
世界宗教と民族宗教

世界中に宗教は数え切れないほどあります。代表的なものについては後に個別に見ていきますが、これまで使われてきた分類を踏まえて見てみると、宗教の全体像を知る手助けとなります。ただし、類型やカテゴリーを固定的に考えると種々の問題を生じますので、その点についても適宜触れていきます。

ここでは、世界宗教と民族宗教、一神教と多神教、食のタブーのある・なし、による分類を使って、世界の諸宗教の特徴を見渡してみましょう。

■分類する際の注意点

信仰している人々の広がりに着目して、宗教を「**世界宗教**」と「**民族宗教**」に分類する

宗教の分類例

広がりから	**世界宗教**	**民族宗教**
	キリスト教、イスラーム、仏教	ユダヤ教、ヒンドゥー教、道教、神道など
信仰対象から	**一神教**	**多神教**
	ユダヤ教、キリスト教、イスラーム	ヒンドゥー教、仏教、神道など
食のタブーから	**タブーあり**	**タブーなし**
	ユダヤ教、イスラーム、ヒンドゥー教、仏教など	キリスト教プロテスタント、日本の仏教

ことができます。ただし、注意すべき事柄があります。どの分類に関してもいえることですが、分類は価値の序列とは関係ないということです。これまでときとして、世界宗教は、そうでない宗教と比べて立派であるという暗黙の了解のようなものがありましたが、そのように考えるべきではありません。それぞれの宗教の価値は、人によっても見方によっても変わってきますので、**宗教を固定的な序列で見ない、ということは、宗教にアプローチする際の大切な態度の一つとなります。**

世界宗教

「世界宗教」は、国や民族の違いを超えて

世界的に広がっている宗教で、仏教、キリスト教、イスラームをその代表例として挙げることができます。もちろん、現在、世界的に広がっているとはいえ、いずれの宗教にも発祥の地があります。仏教はインド、キリスト教はパレスチナ地方、イスラームはアラビア半島です。これらの宗教は、その地域や周辺で栄えただけではなくて、他の地域にまで大きく広がっていきました。仏教は発祥の地のインドでは、ほぼ消滅しましたが、東南アジア、中国、朝鮮半島そして日本に至るまで東アジアの広範囲に伝搬し、今では欧米諸国においても多数の仏教寺院を見ることができます。

欧米では仏教は「クールな宗教」と見なされており、若い人の間でも人気があります。欧米の人々には、キリスト教はつき合いの長い、それゆえに古くさい宗教として映っています。それに対し、出会って間もない仏教は、新鮮でクールな宗教なのです。たとえば、ダライ・ラマに代表されるチベット仏教に関心を持つ人は、アメリカにはかなり多くいますし、瞑想をするための施設も各地にあります。

仏教の中には、伝統仏教だけでなく仏教系新宗教といわれるものがあります。ルーツは多様ですが、日本で生まれ、世界で広く活動しているものもあります。今、グローバルに展開している宗教の一つは創価学会（日蓮宗系の新宗教）です。「創価学会インターナショナル」として世界の各地で活動しています。

民族宗教

他方、「民族宗教」はどのようなものでしょうか。民族宗教には、ユダヤ教、ヒンドゥー教、道教、また日本の神道も入ります。これらは、特定の地域や民族を中心に受容されている宗教です。ユダヤ教は、主としてユダヤ人によって信仰されています。ヒンドゥー教はインドが中心で、主としてインド人によって信仰されています。ただし、インドではヒンドゥー教が圧倒的に主流の宗教ですが、キリスト教やイスラームを信仰するインド人もいます。道教は、中国を中心に東アジアに広がっています。日本では道教寺院は存在しませんが、道教は日本社会に思想的な影響を長年にわたって及ぼしてきました。神道は、ほぼ日本の国内に限定されると考えてよいでしょう。ただし、日系移民が多いハワイなどには神社があります。

分類というのは、全体の見通しをよくするための便宜的な区別であって、世界宗教と民族宗教の境界線は必ずしも明確ではありません。

たとえば、ヒンドゥー教はインドの宗教ですが、ヨーロッパやアメリカの大都市の多くにヒンドゥー寺院があることからもわかるように、ヒンドゥー教徒のインド人は欧米をはじめ世界中に住んでいます。しかも、インド人の数はかなり多いので、ヒンドゥー教はインドに出自を持つ民族宗教ではありますが、同時にグローバルに広がる世界宗教としての側面も持っています。

まったく同じことは、道教を信じる中国人に関してもいえます。中国系移民の大きなコミュニティには、多くの場合、道教寺院が建てられており、世界の各地で見ることができます。世界宗教と民族宗教の間で明確な線引きができないということは、分類上の欠陥というより、むしろ、宗教が変化する（移動する）生きた存在であることを物語っています。

TOPIC 3

宗教の類型② 一神教と多神教

次に「一神教と多神教」という視点から世界の諸宗教を俯瞰してみましょう。この分類は、日本人にとって比較的なじみのあるものです。「一神教」の代表例として、ユダヤ教、キリスト教、イスラームを挙げることができます。古代エジプトにおいて、ごく短期間において見られた一神教的な信仰などもありますが、現代においては、この三つを一神教として理解しておけば十分です。

一神教を簡単に説明すると、すべての創造者である唯一の神を信じる宗教ということになります。三つの一神教の間では、神理解や世界観・来世観など、共通する部分が多く、また歴史的なつながりもあるため、三つの一神教は兄弟（姉妹）宗教といえます。

他方、「多神教」は、複数の神々（神的存在）を信じる宗教です。仏教やヒンドゥー教、そして日本の神道などを例として挙げることができます。仏教の仏とヒンドゥー教や神道の神々を同列に扱うことはできませんが、人知を越える（超越的な）存在者を複数と見なす点で、一神教とは異なる共通した特徴を見ることができます。また、ここで名前を挙げた宗教以外にも、古今東西、存在してきた民間信仰や神話の多くは、複数の神的存在を想定しています。ギリシア神話などはその代表例です。

「一神教と多神教」という表現を聞くと、「一」と「多」の間には大きな違いがあるという印象を持ちます。確かに、一神教と多神教の間には人間観・世界観・歴史観などにおいて違いがあります。しかし、それはものの見方の違いであって、「一」と「多」を対立的に考える必要はありません。日本では、一神教と多神教を対立的・敵対的に語ることが多いので、特に注意が必要です。

人間には自らを取り巻く環境の中で「一」と「多」を関係づけることに対する根源的な関心があります。天体の運行、季節の変化、数え切れないほどの動物・植物の多様性など、日常の中で、雑多に立ち現れる現象の背後に、何か統一的なシステム、あるいはそれを動かしている力を人間は感じてきました。「多」の中に「一」を探り、「一」の中に「多」の展開を見ようとするのが人間の本性であるといってもよいでしょう。

たとえば、一神教の大原則は唯一なる神への信仰ですが、すべての創造者としての神の「一」と、神が造った世界に満ちている無限の多様性の「多」を関係づける方法が、一神

「一」と「多」の世界観

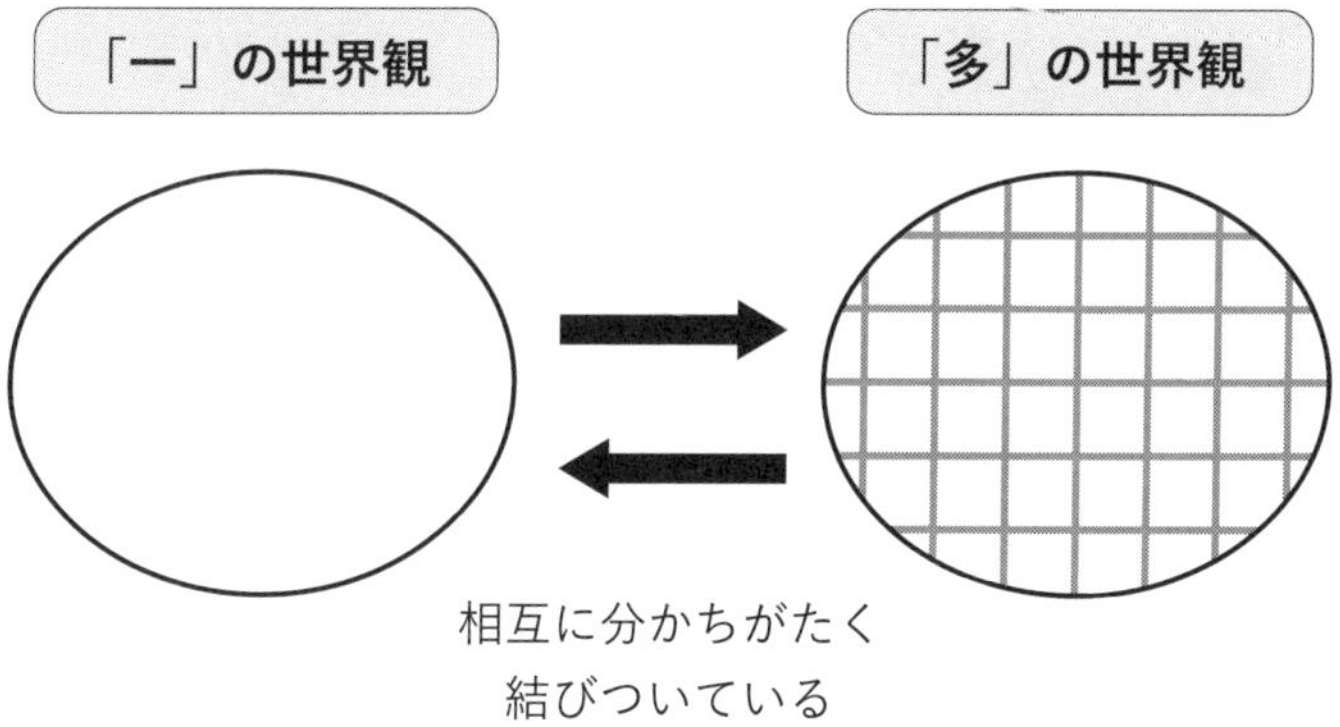

教それぞれの伝統の中にあります。キリスト教は、ユダヤ教やイスラームにはない神理解として「**三位一体論**」を持っていますが、そこでは「父なる神」「子なる神（イエス）」「聖霊なる神」が三つにして一つであるとされます。三位一体論は論理的には理解しづらい教えですが、「一」と「多」をつなぐ作法の一つとして見ることができます。

　真言宗は**大日如来**を根本仏として見る世界観を持っていますが、大日如来とそれ以外の諸仏は密接に結びついており、「**一即多、多即一**」ともいわれます。この点から見ると、真言宗を単純に「多神教」に分類することはできないでしょう。こうした、「一」か「多」かというカテゴリーを越境する要素を多くの宗教が持っています。

ヒンドゥー教は多神教の代表格で、インドの各地には数え切れないほどの神々の名前を見出すことができますが、同時に、多くの神々の源、宇宙の根本原理としての「**ブラーフマン**」を考えることもあります。神々をブラーフマンの化身と考えることによって、「一」と「多」を関係づけようとしています。

日本でも、神道と仏教の関係を関係づけるときに「**本地垂迹**《ほんじすいじゃく》」という考え方があります。本体としての「仏」の、この世に姿を現したもの（化身）が「神」「神々」である（あるいは、その反対）と考えることによって、「一」と「多」をつなぐだけでなく、仏教と神道という由来の異なる宗教が、棲み分けつつ共存できる方法を見出したといえるでしょう。明治時代以降、神仏分離の影響で、この考え方は衰退しましたが、長年、「**神仏習合**」を支える論理として日本宗教史の中で重要な役割を果たしてきました。

以上のことからわかるように、どの社会や宗教においても、「一」と「多」を関係づける伝統を多かれ少なかれ見出すことができます。一神教と多神教の違いを認識することは大切ですが、両者の間に極端な排他的関係や序列関係を持ち込むと、現実を誤認することになりますので、注意が必要です。

TOPIC 4

宗教の類型③
食のタブーによる分類

日本人の食習慣の中に「食のタブー」、すなわち、食べてはならないものの規定はほとんどありませんので、このような分類はピンと来ないかもしれません。しかし、一つひとつの宗教の特徴を理解する上で「食」は、きわめて重要な役割を果たします。宗教は「精神的なもの」だけで論じることのできない、日常的な具体性に富んでいることも「食」を通じて理解することができます。

食のタブーを持たない日本人から、食のタブーを持つ人を見ると「お気の毒に」と思うかもしれませんが、その人々にとっては当たり前のことなので、その当たり前さを理解し、尊重することが大切です。ビジネスと宗教の関係を考える際、この点は特に重要なので、少し丁寧に考えてみましょう。

外国からビジネス・パートナーを招いた場合、相手によっては食事のタブーについて、気をつけておく必要があります。その配慮ができないと、「この人は自分に対して関心がない、無礼な人だ」と思われ、信頼関係を結ぶことができないでしょう。また、同じ企業内でも、海外から来た社員と共に働いているというケースも増えてきています。同じ会社の同僚に対し、適切な配慮ができているかどうかは、職場環境やそこでの人間関係にも影響します。

食のタブーを持つ宗教として、まずイスラームを取り上げてみましょう。イスラームでは、豚肉や豚肉由来の調味料、およびアルコールやアルコールを使った食品が禁じられています。この食の戒律をクリアーし、食べることが許されたものを「**ハラール**」といいます（反対に、食べることを許されないものを「**ハラーム**」といいます）。ムスリムが多い東南アジアなどからの観光客を誘致するために、近年では都市圏のホテルやレストランでは、ハラール食を提供するところが増えてきましたので、ハラールという言葉を目にしたり、耳にしたりする機会もあることでしょう。ここでは、企業の取り組みとしてヤンマー（本社、大阪市）の事例を紹介します。

■ヤンマーに見るムスリムフレンドリー

ヤンマーの社員食堂で提供されるムスリムフレンドリーメニュー

ヤンマーの社員食堂には、ハラールを踏まえたムスリムフレンドリーメニューがあります。ヤンマーで働くムスリム社員は決して多くはありませんが、一人のムスリムの方が食事に関する悩みを打ち明けたことから、新しいメニューの開発が始まりました。当初、ハラール弁当を外部から注文するという案もあり、実際に試食もしたそうですが、試行錯誤の末、食堂内で調理する方法に行き着いたということです。

ハラールについては世界統一基準があるかのように思われがちですが、実際には、それぞれの地域や環境で理解や厳格さに差があります。ヤンマーの場合、外部の事例を検討した上で、次のような定義にたどり着きました。

ヤンマーのムスリムフレンドリーメニューの定義

・豚肉や豚肉由来の製品、アルコールは使用しない。（消毒に関してはアルコールを使用）
・食用肉はハラール認証商品とする。
・調味料は基本的にハラール認証商品を使用し、認証品ではないものに関しては原材料を確認し、使用が許可されていない材料が含まれる商品は使用しない。
・調理器具・食器はハラールとそうでないものを分けて使用、洗浄、保管を行なう。
※ヤンマーのムスリムフレンドリーメニューは、ハラール基準に基づき、自社で設定した定義です。ハラール対応の認証を取得した食堂ではありません。

このハラール理解は、日常的に無理なく実行できる、バランス感覚のすぐれたものだといえます。ヤンマーのウェブサイトには、こうした結論だけでなく、そこに至ったプロセスが記されており参考になります。ムスリムを意識した食の改善を通じて、ヤンマーは、ダイバーシティ（多様性）を尊ぶ企業の最善の実践例を示したといっても過言ではありません。ちなみに、ヤンマーは食堂と同じフロアーに「祈祷《きとう》室」も設けています。これまで礼拝の際に会議室などを使わざるを得なかったムスリム社員にとって、これも職場環境の大きな改善として映っていることでしょう。

ヤンマーに限らず、多くの日本の企業が、東南アジアなどムスリムが多く住む国々に支社を置いたりして、事業を展開しています。**ダイバーシティ経験、食を通じた異文化理解を国内において日常的に行っている企業は、国外におけるビジネスにおいても大きな力を発揮するに違いありません。**

ユダヤ教における食の規定

ハラール認定は一見大変そうに見えますが、食材としてチェックの対象となるのは豚肉とアルコールに限定されています。

一方、ハラールと比べ、より複雑な食の規定を持っているのがユダヤ教です。ユダヤ教の聖書（キリスト教における『旧約聖書』に相当するもの。特に「レビ記」11章）に食べてよいもの（清いもの）と食べてはいけないもの（汚れたもの）の規定が記されています。食べてよいものは「**コーシャ（コーシェル）**」と呼ばれています。ハラール同様、その解釈に幅はありますが、コーシャとして認定された食品はコーシャ認証食品（食材）として広く市場に出回っています。ちなみに、イスラエルでは市場に流通する食品の8割がコーシャ認定されているものです。アメリカにも多数のユダヤ人が住んでおり、コーシャ食品の市場は私たちが想像する以上に大きいといえるでしょう。ユダヤ人社会における和食ブームも手伝って、コーシャ認定を受けて、日本食や日本の食材を輸出しようとする食品・農業関係企業も増えているようです。

では、具体的に何がコーシャで、何がコーシャではないのでしょうか。四足の動物で食べられる肉類は、ひづめが分かれており、反芻《はんすう》するということが条件になっており、牛、羊、山羊、鹿などがそれに該当します。反芻しない豚やウサギはコーシャではありません。鳥類では猛禽類やカラス、ダチョウなどは食べることができません。また、魚貝類では鱗《うろこ》とひれのあることが条件とされており、タコやイカ、ウナギ、貝類、エビやカニなどは食べることができません。また聖書に「あなたは子山羊をその母の乳で煮てはならない」(「申命記」14章21節)という言葉があることから、一般に、肉類と乳製品を一緒に調理してはならないとされています。したがって、肉料理を食べるときにバターやチーズを一緒に食べることはできませんし、チーズバーガーも不可です。

このようにユダヤ教の食事規定は複雑です。また、一口にユダヤ人といっても、食事規定をはじめ、価値観はかなり多様化しています。イスラエルの正統派ユダヤ人たちは厳格に戒律を守りますが、アメリカの世俗的ユダヤ人の中には、伝統的な戒律をほとんど気にしない人も少なくありません。したがって、明らかにユダヤ人とわかるゲストを迎え、食事を共にする場合には、当人の食事に対する理解や好みを直接に聞くのが一番安全だといえます。

ヒンドゥー教における牛と菜食主義

イスラームやユダヤ教では豚が食における禁忌の対象でしたが、牛をタブーとするのがヒンドゥー教です。ヒンドゥー教では、牛は聖なる存在と見なされ、崇拝の対象にもなっています。したがって、牛を殺したり、食べたりすることは許されません。牛を神聖視する、このような伝統は**輪廻転生**の考え方と関係があります。輪廻転生には様々な理解の仕方がありますが、人間を輪廻の頂点とする87の段階があるという考え方があります。その考えによれば、人間に転生する直前に位置するのが牛で、牛を殺した場合には、輪廻の最下段からやり直さなければなりません。

また、ヒンドゥー教では牛を神聖視するだけでなく、「**不殺生**《ふせっしょう》（アヒンサー）」を基本的な考えとして持ちますので、牛に限らず肉食全般を忌避し、菜食主義の生活をする人が多くいます。「不殺生」は、紀元前5世紀頃からインドで勢力を拡大してきた仏教やジャイナ教にも影響を与えています。こうしたインド由来の不殺生、その結果としての菜食主義が、現代の菜食主義の精神的起源の一つとなっています。

■ベジタリアン、ビーガン

現代では、肉食を避ける菜食主義者は、世界中で「**ベジタリアン**」として知られています。この語は野菜のベジタブルとは関係なく、ラテン語で「健全な」を意味する「ヴェジェトゥス」に由来します。ベジタリアンには、宗教的な不殺生という理由の他にも、動物愛護の視点から、また自らの健康のためなど、様々な理由を持っている人がいます。いずれにせよ、世界的に見ると、ベジタリアンはかなりの数にのぼります。飛行機の国際線では、どの航空会社もベジタリアン用の機内食を用意していますが（事前申請が必要です）、そのことからも、ベジタリアンが広く認知されていることがわかります。

ベジタリアンにも、何を避けるのかという点で、かなり幅があります。ベジタリアンの中でももっとも厳格な人たちは、通常のベジタリアンと区別される形で「**ビーガン**」と呼ばれています。ビーガンは、卵や乳製品を含む、動物性食品をいっさい口にしない完全菜食主義者です。ヨーロッパやアメリカの大きな都市には、ベジタリアン・レストランやビーガン・レストランが多数ありますし、ビーガン食専用のコーナーを設けているスーパーマーケットもあります。東京では2020年にオリンピックを迎えるということもあって、ハラール対応のレストランやホテルが徐々に増えてきていますが、海外の人々を迎える際に圧倒的に不足しているのが、ベジタリアンやビーガン向けのサービスです。異なる宗教的背景、異なる食習慣を持った人々に対し、どのような「おもてなし」ができるのか、東京オリンピックでは、そのようなダイバーシティも試されるのではないでしょうか。

仏教におけるタブー

仏教は不殺生の伝統を伴って発展してきました。仏教はインドで始まり、東南アジア、中国、朝鮮半島へと伝搬し、また、上座部仏教、大乗仏教、チベット仏教など多様な流れを生み出しましたが、食習慣に関して共通しているのは、禁酒の原則（**飲酒戒**《おんじゅ》）です。不殺生戒があるため、自ら動物の命を奪って、それを食べることはもとから禁じられていましたが、自らの手によらない肉を食べることは必ずしも禁じられていませんでした。ただし、仏教が広まっていく過程の中で、すべての肉食《にくじき》を制限するという傾向も強まっていきました。

日本に仏教がもたらされたときに、不殺生は肉食の禁止を意味していました。仏教が到来して以降、日本においても不殺生戒に基づき肉食が制限されてきましたが、完全になくなったわけではありません。7世紀後半以降、殺生を禁じる法令は断続的に出されていますが、それは裏返せば、限定的とはいえ、肉食が庶民の間で行われていたことを意味します。しかし、肉食が当然となった現代社会と比べれば、江戸時代までの日本人は皆、ベジタリアンに近い存在であったといってよいでしょう。

現在は、お金さえ出せば、牛でも豚でも鶏でも、好きなときに好きなだけ肉を食べることができますが、人類史的には、きわめて例外的な状況です。これを「時代の恩恵」として喜ぶ肉好きの人もいるかもしれませんが、**肉食文化の拡大がもたらす負の側面（環境破壊や動物の虐待など）にも冷静に目を向ける必要があるでしょう。**

■食のタブーを持たない宗教

ここまで、宗教伝統における食のタブーについて論じてきましたが、次に、食のタブーを持たない宗教を取り上げます。その一つがキリスト教、特にプロテスタントです。カトリックでは、**復活祭（イースター）**の46日前から始まる**四旬節**《しじゅんせつ》においてイエスの受難を偲び、肉を食べないという習慣があります（正教会では、食事制限を含む、より厳格な禁欲の規定があります）。またかつては、節制の中で自らを振り返るために断食が行われていたこともあります。食の節制や娯楽の自粛などが始まる四旬節の前に行われたのが**謝肉祭（カーニバル）**でした。現在では、カーニバルは仮装行列を伴う、世俗的な祝祭となっていますが、もともとは宗教的な背景を持っていました。このように、カトリックでも、肉食を控える期間は限定されており、普段、肉食をタブー視することはありません。また、プロテスタントでは食のタブーは、一年を通じて、ほとんど見られません。

食のタブーを持たないもう一つの例として日本の仏教を挙げることができます。先にも触れましたように、元来、仏教は禁酒や肉食を控えることを原則としており、その伝統は日本にも引き継がれました。しかし、私たちが知っている日本の僧侶の多くは、お酒をたしなみ、肉を食べます。さらにいうと、伝統的な仏教では出家した僧侶は妻帯も禁じられていましたが、日本では必ずしもそうではありません。このような点で日本の仏教は、他の地域の仏教と比べると、かなり特異です。

このような違いが生じた原因は、明治時代以降の国家形成と関係があります。明治政府は神道を中心とした国づくりを目指しました。そのため江戸時代まで当然のごとく続いてきた神仏習合を拒否し、廃仏毀釈が起こりました。神道を純粋な形で、国家形成の中心に据えようとしたため、仏教を余計な混ざり物であるかのごとく、排除しようとしたのです。とはいうものの、仏教が日本社会で果たしてきた役割は甚大です。完全に排除することなどできませんし、それは明治政府にとっても得策ではありません。そこで、仏教の社会的地位を引き下げるために明治政府が行ったのが仏教界の「世俗化」です。

1872年（明治5年）、「僧侶は肉を食べること、配偶者を得ること、髪を生やすことなど、好きにしてよい」という太政官布告（明治政府からの通達）が出されます。当初、それに対する抵抗も仏教界からはありましたが、次第にその指示を受け入れ、現在あるような仏教の姿になっていきました。[*4] その当時、妻帯を認めていたのは浄土真宗などきわめて限られていましたが、多くの僧侶が家庭を持つようになり、結果的に寺院の世襲制度も一般化していきます。このような変化の中で、酒を飲み、肉を食べることもより広く受け入れられるようになっていきました。もちろん日本の仏教の中には、精進料理に代表されるように、お酒や肉食を避けることを厳格に守っている宗派もあります。しかし、全体としては、飲酒・肉食をタブー視する伝統は日本仏教の中では希薄であるといってよいでしょう。

TOPIC 5

宗教の動的な姿を理解する

世俗化と宗教復興運動

先に「宗教的かどうか」の調査結果を示した世界地図（52～53ページ参照）においても指摘したように、世界は一方的に世俗化しているわけではありません。かつて信じられていたように、地球全体が不可逆的に宗教喪失の時代に向かうとはいえそうにはないのです。世俗化が進んでいる社会が存在する一方、世俗化に反する形で、宗教に対する関心や情熱が高まっている地域もあります。ここでは、静止した地図からは見落としがちな宗教の動

4 肉食妻帯は日本仏教を考える上で興味深いテーマです。さらに関心のある方には次の本をお薦めします。中村生雄『**肉食妻帯考——日本仏教の発生**』青土社、2011年。

的な姿について、あらためて重要ポイントを三点ほど説明します。

一つ目のポイントは、おそらく、今後も世界情勢の重要部分に宗教が関係する時代が続くと思われることです。問題は、世俗化と宗教復興が同時に進むことにより、両者の間の価値観のギャップが大きくなることです。つまり、**宗教を軽視する人たちと宗教を重視する人たちの間を取り結ぶ知恵が、今後、求められる**わけです。それはビジネスの世界にもいえます。先にヤンマーの事例で触れたように、企業がダイバーシティを求める場合、世俗的な論理で回っているビジネスの環境の中で、宗教的な要素をいかに受容するかという課題につながっていきます。

■宗教の多元化

宗教の動的な姿の二つ目は「宗教の多元化」です。先の世界地図では、国ごとに宗教性の程度に応じた色分けがされていましたが、通常、一つの国の中には複数の宗教が含まれています。

ヨーロッパは世俗化が進んでいますが、世俗化の副産物の一つが宗教の多元化です。キリスト教が他の宗教を閉め出すほどの力を持たなくなる中で、他の宗教がヨーロッパにも

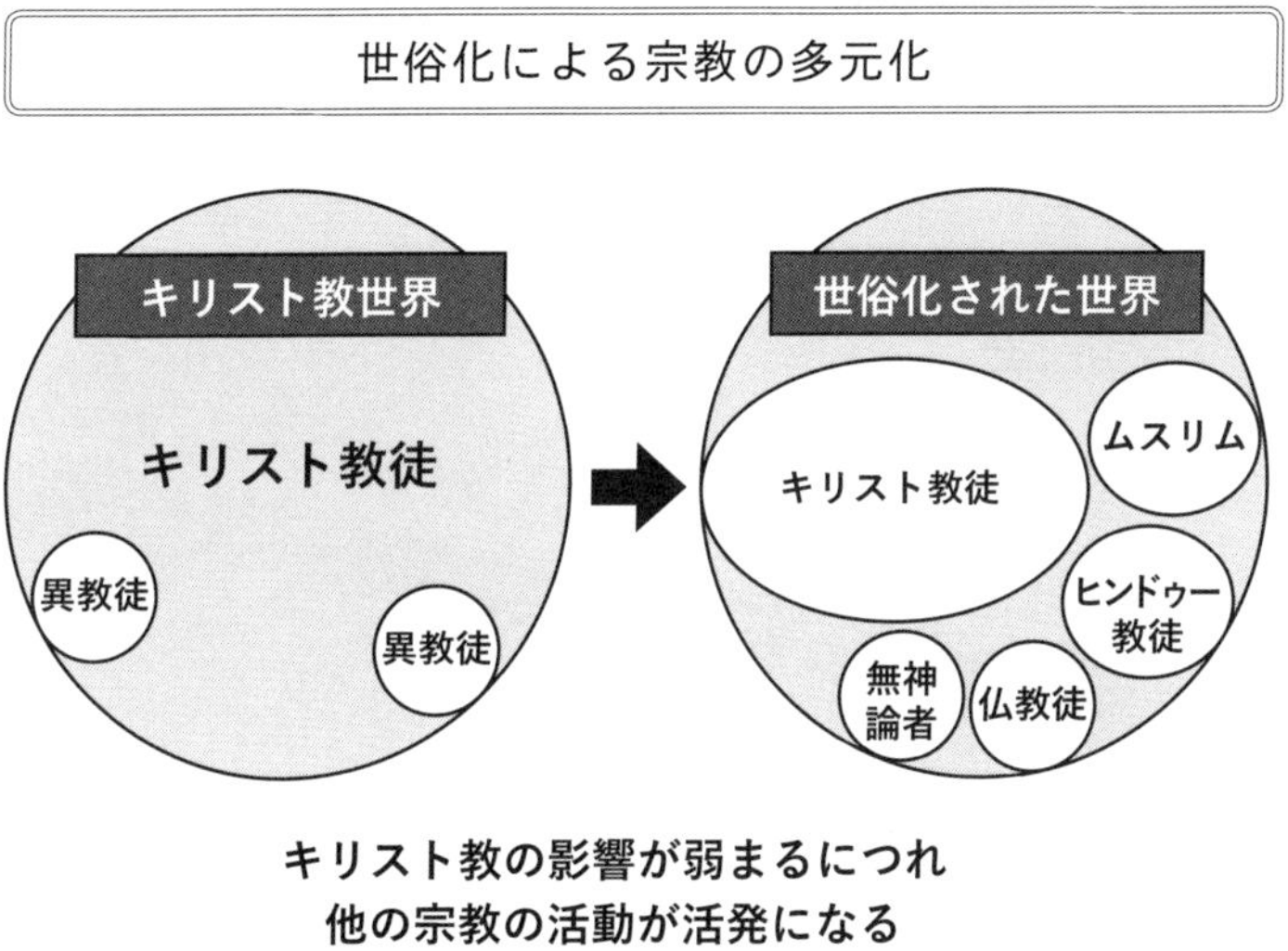

キリスト教の影響が弱まるにつれ
他の宗教の活動が活発になる

徐々に根を張るようになってきました。仏教寺院、ヒンドゥー寺院はヨーロッパやアメリカの都市の多くで見ることができます。また、第二次世界大戦後、各国の経済復興を新たな労働力として支えたのがムスリム移民でした。結果的に、ヨーロッパでは人口で見ると、イスラームはキリスト教に次ぐ第二の宗教になっています。一方でキリスト教の影響力は今も過小評価できません。実際、日曜日に教会に行く人の数が少なくなっているとはいえ、ヨーロッパ的な価値の多くはキリスト教と関係があります。

ヨーロッパ以外の多くの地域でも、複数の宗教が存在すること、すなわち、宗教の多元化は、標準的な姿になっており、これは世俗化やグローバル化がもたらした帰結といえるでしょう。ヨーロッパや南北アメリカ大陸が今なおキリスト教の影響下にあるとはいっても、実際には、その地図をキリスト教一色で塗りつぶすことはできないのです。また、アジアでは、世俗化やグローバル化が語られるはるか以前から、複数の宗教が、当たり前のように共存してきました。

このように地域によって、そこに至る歴史的背景は異なるものの、世界は宗教の多元化に向かっているといって差し支えないでしょう。他方、サウジアラビアやイランのように、イスラームのスンナ派あるいはシーア派が圧倒的な影響力を持っている一元的な「宗教国家」が存在していることも視野に入れておく必要があります。

■中心（成長点）の移動

宗教の動的な側面を理解する上で大切な三つ目のポイントは「中心（成長点）の移動」です。多くの宗教は誕生の地を持っていますが、世界に広がっていった宗教の中で、誕生の地がその後も中心地であり続けたものは、まれです。つまり、多くの宗教は中心を移動させながら成長していきます。先に「世界宗教」に分類した仏教、キリスト教、イスラームなどは、その典型です。

仏教はインドで生まれたものの、現在、インドにおける仏教徒は全人口の1%未満です。インドでは全人口の8割をヒンドゥー教徒が占め、それに続くのは約14%を占めるムスリムです。しかし、インドで衰退した仏教は、チベット、東南アジア、中国、朝鮮半島、日本へと伝搬する中で、それぞれの地域文化を吸収しながら、その生命力を保ってきました。そして現代では、仏教はアジアにとどまらず世界中に広がっています。仏教の中心点は発祥のインドから東アジアに移動し、さらに現在では、東アジアを中心としながらも世界的に多極化しているといえます。

中心点が移動する中で注目すべきは、他の文化との接触による変化です。初期仏教に仏像はありませんでしたが、ガンダーラ地方（現在のアフガニスタン東部からパキスタン北西部にあたる地域）でギリシア文明と出会い、仏像を初めて生み出します。また、そこから大乗仏教（238ページ参照）も生まれました。ガンダーラ美術はギリシア、シリア、ペルシャ、インドの様々な美術様式を取り入れた仏教美術として知られていますが、1～5世紀に隆盛を極めました。**こうした宗教的・美術的な跳躍ともいえる変化は、同じ場所にとどまっていただけでは、おそらく生じなかったでしょう。**

さて、中心の移動はキリスト教やイスラームに関してもいえます。日本でキリスト教と聞くと、今も「西洋の宗教」というイメージが強いですが、人口の視点から見れば、今やキリスト教は西洋の宗教ではありません。クリスチャンの過半数が非西洋圏に住んでいるからです。ヨーロッパで世俗化が進行し、キリスト教の影響力が減退している反面、アジアやアフリカの多くの地域でキリスト教が伸張しています。現代のキリスト教の成長点はアジアやアフリカにあるといってよいでしょう。

イスラームの場合、今も中東が大きな存在感を示していますが、世界で最大のムスリム人口を擁する国はインドネシアです。インドネシアでは国民の9割近くがムスリムで、ムスリム人口は2億人を超えます。インドネシアの近くには、やはり国民の多くがムスリムであるマレーシアのような国もあり、東南アジアは膨大なムスリム人口を抱えています。また、アフリカにも多数のムスリムがいます。これらのことを考慮すれば、イスラームを安易に「中東の宗教」と呼ぶことはできません。

中心や成長点の移動は、グローバル時代のビジネスにとっても、大きな課題です。老舗企業にとって創業の地は日本であっても、海外に多くの支社を持ち、また、社長が外国人ということも珍しくなくなってきました。しかし、移動や変化にはいつも不安がつきまといます。新たな跳躍、新たな価値創造を共有することによって、この不安を乗り越えることができるかどうかが問われているといえるでしょう。

TOPIC 6

世界の宗教を俯瞰する①
ヨーロッパ

世界における宗教別人口

世界の宗教別人口を見ると、おおよそ、キリスト教は22億人、イスラーム16億人、ヒンドゥー教が9億人、仏教が4億人となります。現在の世界人口が70億人ほどなので、キリスト教とイスラームの二つを足すだけで、世界人口の半分から半分強を占めることになります。日本では、キリスト教やイスラームを信仰する一神教徒は全人口の1％にも満たないため、こうした世界の現実は実感しづらいのですが、一歩、日本の外に出ると2人に1人が一神教徒であり、さらに内訳をいえば、3人に1人がクリスチャン、4～5人に1人がムスリムということになります。したがって、世界情勢や、それぞれの国や地域に住む人々の価値観を知ろうとすれば、一神教をはじめとする諸宗教に対する理解は欠かせません。そこで、世界を大きな区分に分けて、宗教の多様性と全体像を概観していきたいと思います。

■キリスト教世界における抗争とそれがもたらしたもの

ヨーロッパは、キリスト教の中心地としての役割を何世紀にもわたって果たしてきたので、どの国においても、立派な教会やキリスト教美術を見ることができます。日曜日の礼拝出席者が少なくなり、社会全体がキリスト教色を薄める形で世俗化しているとはいえ、キリスト教の影響力や名残は、ヨーロッパの文化・思想の中に広く見ることができます。しかし同時に、キリスト教の位置づけや影響力の大きさは、国によって、かなり異なることも頭に入れておく必要があります。

若者の宗教離れが進んでいることは、どの国も共通していますが、イタリア、スペイン、ポーランドなど、伝統的なカトリック国では礼拝出席者の数は比較的多く、ドイツや北欧諸国など、プロテスタントが主流の国では礼拝出席者が少なくなっているという傾向があります。2017年、宗教改革500周年が祝われました。現在では、カトリックとプロテスタントの間に大きな緊張関係はありませんが、宗教改革とそれに続く時代においては、両者の間に激しい抗争がありました。そこに領土争いなど政治的な要因が関係して、**三十年戦争**（1618−48年、ドイツ国内の宗教的対立を契機とする紛争に諸外国が介入した戦争）のような長期かつ広範囲にわたる戦争が起こりました。この戦争は多くの死傷者を出し、ドイツを中心に国土を広く荒廃させることになりましたので、同様の愚を繰り返さないための知恵が模索されました。その一つが、三十年戦争を終結させた**ウェストファリア条約**（1648年）です。

ウェストファリア条約は、最初の多国間の国際条約といわれていますが、これにより主権国家の領土権と相互内政不干渉の原則をはじめとする、近代国家の枠組みと国際秩序が基礎づけられることになりました。現在の国家や世界秩序も、基本的にはウェストファリア条約によって成立した「**領域国民国家**」の考え方によって成り立っています。しかし、こうした考え方は人類史的に見れば、決して自明のものではなく、17世紀以降の西洋世界の産物であることを理解しておく必要があるでしょう。

国境線によって世界が区切られている一方、ビジネスの世界ではすでに国境線を越えた人や物の交流が盛んです。グローバル・ビジネスは、見方によっては、国の違いを乗り越える「**ポスト・ウェストファリア時代**」に入っているといえるかもしれません。もちろん、あらゆるビジネスは、事業を展開する地域や国のローカルな法に制約されますが、ＥＵに見られるように、国の違いを超えた経済圏の試みも、紆余曲折があるとはいえ、着実に前進しています。

世俗主義と政教分離

さて、30年戦争のような宗教戦争の愚かさを繰り返さないために、ヨーロッパ各国が模索したもう一つの道が、**世俗主義**と**政教分離**です。世俗主義は、特定の宗教を国教としたり、特定の宗教に特権的な地位を与えたりすることなく、社会を宗教的に中立的な形で維持しようとする考え方です。政教分離は、宗教活動を「私的領域」に限定し、政治や公教育などの「公的領域」に介入しないようにすると同時に、国家が宗教活動に干渉しないようにする法的な原則です。ヨーロッパでは、世俗主義と政教分離は、ほぼ同じ意味で理解されてきました。法的な整備によって、各国でそれらを整えてきましたが、それぞれの国の歴史的な背景の違いにより、世俗主義や政教分離に対する考え方には、かなりのバリエーションがあります。

ヨーロッパの中で、もっとも厳格な政教分離政策をとっている国はフランスです。「**スカーフ禁止法**」（2004年）に代表されるように、ムスリム女性がスカーフ（ヴェール）

を学校のような公的な場で着用することを禁じています。隣国のドイツでは、生徒がスカーフをかぶることは問題ありませんが、教師が教室でかぶることは禁止されています。ただし、そのことの是非をめぐる議論は今も続いています。

増えるムスリム人口

フランスやドイツに限らず、ヨーロッパの多くの国には外国人労働者が多数居住しています。外国人の割合はおおよそ、イギリス7%、ドイツ9%、スペイン11%、フランス5・5%となっており、日本が2%弱であるのと比べると、その多さがわかるでしょう。

各国とも、第二次世界大戦後の経済復興の中で、特に1960年代以降、労働力の確保のために、旧植民地など関係の深い国々から移民を積極的に受け入れる政策を展開してきました。その当時は、一時的な労働力確保と考えていましたが、移民の多くは母国に帰ることなく、その土地に住み着き、今や、移民の二世や三世がコミュニティの中心を占めるようになっています。

結果的にヨーロッパでは、人口の点から見ると、イスラームがキリスト教に次ぐ第二の宗教になっています。次ページの図表（ピュー・リサーチセンターによる2017年調査）

ヨーロッパの主な国のムスリム人口

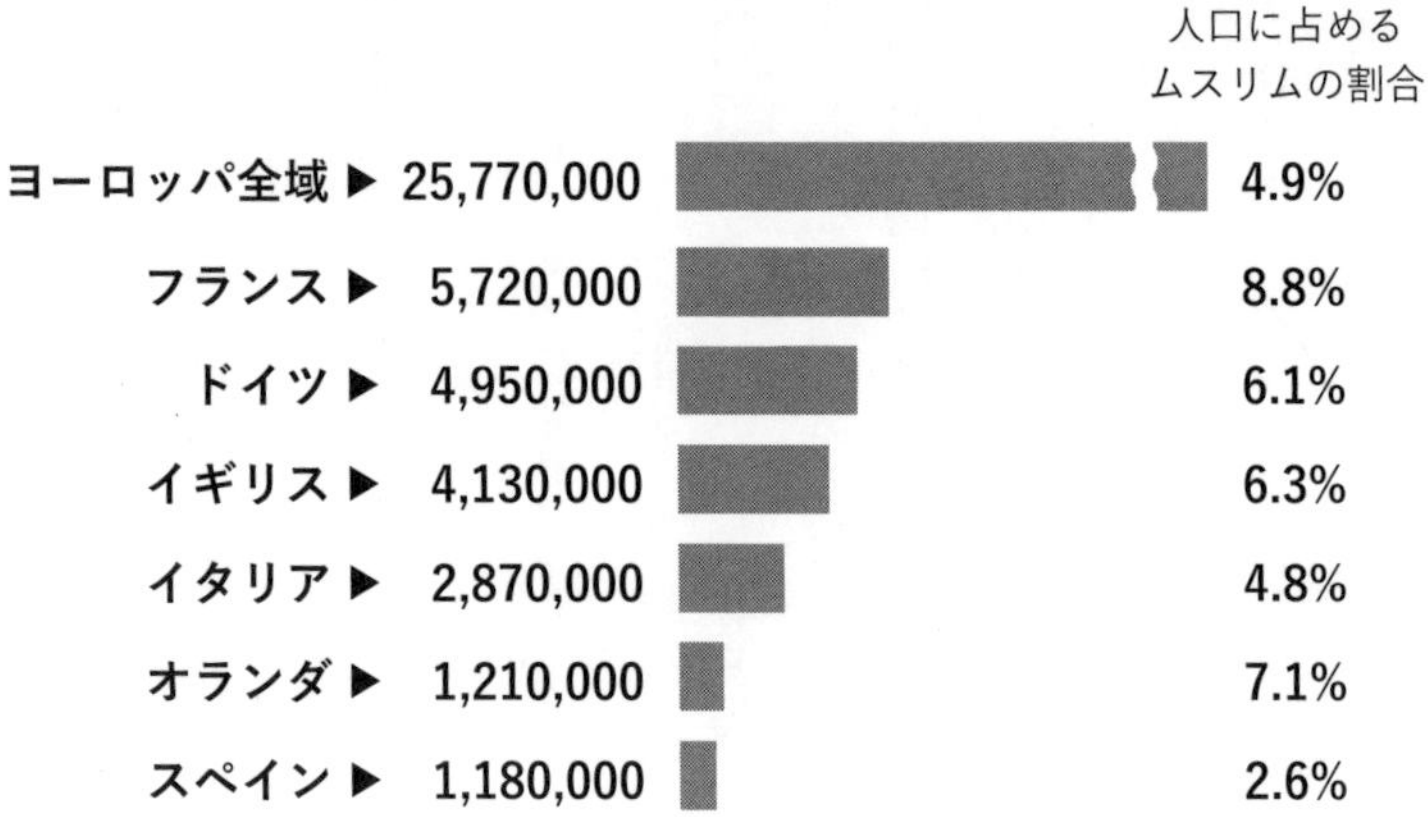

ピュー・リサーチセンター 2017 年調査より

では、各国におけるムスリム人口の割合が示されており、ヨーロッパ全体では4・9%を占めています。これまでヨーロッパの文化や制度はキリスト教の影響を多かれ少なかれ受けて形成されてきました。しかし今や、キリスト教を当たり前の前提とすることができないほどに、社会は世俗化し、宗教は多元化しています。

TOPIC 7

世界の宗教を俯瞰する②
アメリカ

高い宗教性

文化的・政治的な近さから「欧米」としてまとめて語られることがありますが、宗教に関しては、ヨーロッパとアメリカを簡単に同一視することはできません。近年、アメリカ社会の世俗化が指摘されていますが、ヨーロッパと比べれば、アメリカは今なお高い宗教性を維持しています。アメリカ人のおよそ4分の3はクリスチャンですが、そのうち、3分の1ほどの人が毎週礼拝に出席しています。もっとも、礼拝出席率は州によって大きく異なっており、「**バイブル・ベルト**」と呼ばれる南部の州が高い傾向を持っています。クリスチャンのうち、4分の1がカトリック、残りをプロテスタントが占めています。プロテスタントには様々な教派がありますが、すべて合わせて4分の3になるので、単独の教

熱心なクリスチャンが多いバイブル・ベルト

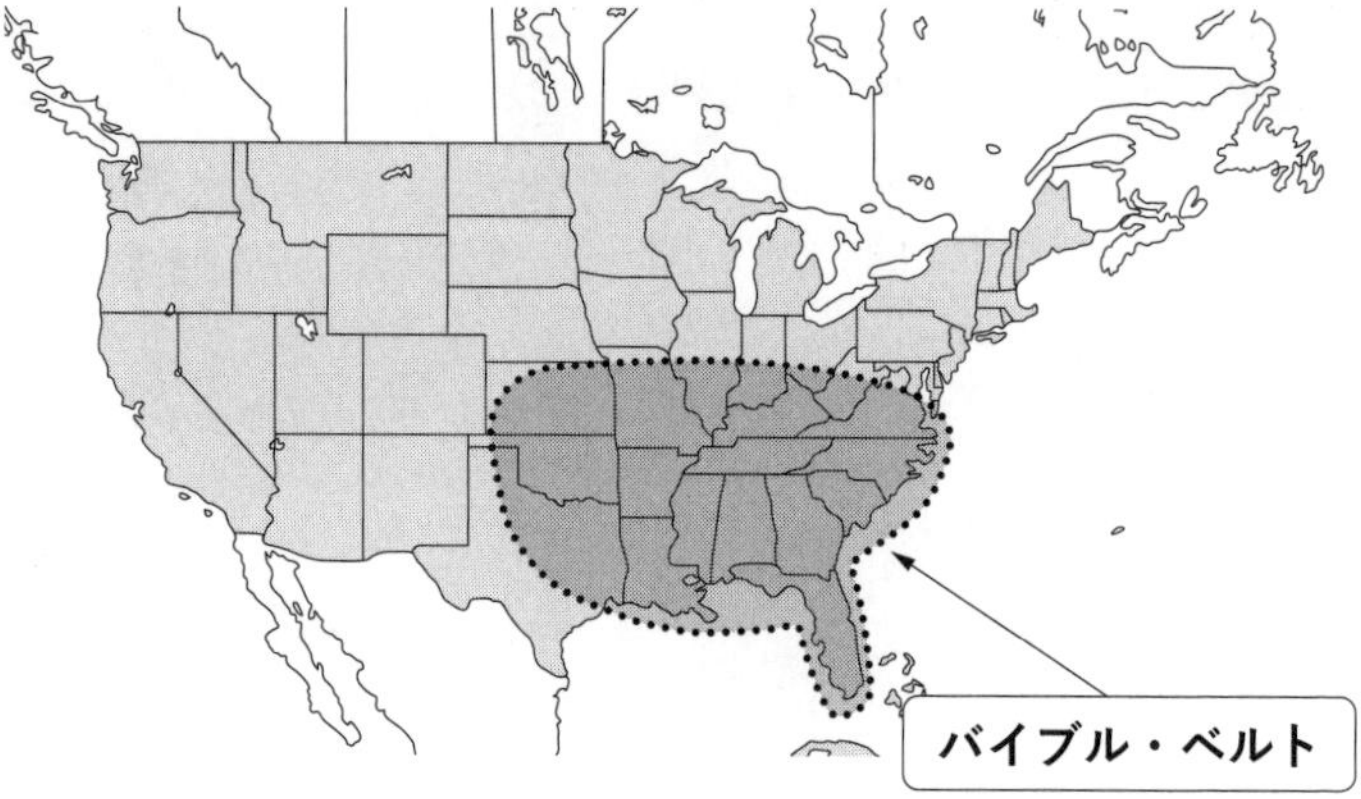

派としてはカトリックが一番大きいことになります。

アメリカは歴史的にはプロテスタントとの関係が深く、「プロテスタントの国」というイメージが強いですが、カトリックの影響力も無視することはできません。また、移民の国アメリカにとって、宗教別人口比は流動的です。特にメキシコなどラテンアメリカからの移民が増加することによって、カトリック人口が増えています。

宗教と政治の結びつき

かつてはアメリカにおいて、プロテスタントか、カトリックかは、社会的なステータスにも関係する大きな違いでしたが、今日、教派の違いは大きな意味を持たなくなりつつあります。むしろ、教派の違いを越えて、ある特定の価値観のもとに大同団結していく点を、アメリカのキリスト教の近年の特徴として挙げることができます。大統領選挙においても、たびたび問われている価値観の問題の代表的なものは、中絶や同性愛・同性婚をめぐるものです。

中絶や同性婚に反対する保守的な価値観の持ち主は、教派の違いを越えて、運動を展開しており、共和党の大統領候補者は、こうしたキリスト教保守層の票を無視することはできません。1980年代以降、保守的なクリスチャンが自分たちの理想を実現するために、積極的に政治参加するようになってきました。

賛否両論あったとはいえ、トランプ大統領の当選（2016年）も、こうした「**宗教右派**」グループの大票田なしには考えられません。選挙期間中に人種差別的な発言や女性蔑視の発言が大きく取りあげられ、トランプ氏の道徳性が保守派のクリスチャンの間でも問題とされました。しかし最終的に、リベラルな価値観を持った女性大統領候補者ヒラリー・クリントン氏よりは、伝統的な価値観を擁護するトランプ氏を一致して支持することになったのです。

他方、同じクリスチャンの中にも、中絶を女性の権利として、同性愛・同性婚を愛の多様性として積極的に認めるリベラルなクリスチャンもいます。近年、中絶や同性婚を容認する人の割合が、アメリカ社会全体の中では徐々に増えてきていますが、保守派とリベラル派の間の価値をめぐる対立は、しばらく続くでしょう。こうした価値観の対立が選挙などでアメリカ社会を二分することから、それを「**文化戦争（カルチャー・ウォー）**」と呼ぶこともあります。「戦争」と表現されることが、その激しさを物語っていますが、別の見方をすれば、こうした激しい議論が社会的なレベルで交わされる点に、アメリカ社会の活力源を見ることもできます。

一般的に、ビジネスの世界では宗教や政治の事柄を話題に出すべきではないとされます。不用意に、相手の価値観に踏み込み、それを傷つけるようなことがあれば、信頼関係は一気に損なわれるので、宗教や政治、あるいは価値観を会話のタブーとすることには一理あります。しかし、アメリカのような国では、価値観にかかわるような話題を完全に避けることはできませんので、やはり、冷静に対応できるように、基本的な事柄の理解が求められます。

■価値の多様性とイノベーション

ビジネスの世界、とりわけＩＴ業界では、価値の多様性を強調します。たとえば、アップルはLGBTのパレードである「プライド」を支援し、社員がそこに積極的に参加しています。アップルが「プライド」を支援している動画がYouTubeにアップされていますが、その動画は"Inclusion inspires innovation"（包括性がイノベーションを喚起する）という言葉によって締めくくられています。ここで「インクルージョン（inclusion）」はLGBTを性の多様性として受け入れていくような包括的な態度、多様性（ダイバーシティ）に開かれた態度を表しています。

アップルのこうした姿勢は、リベラルな気風のあるカリフォルニアの文化が育んだという側面もありますが、同時に、ティム・クック最高経営責任者（CEO）が2014年に自らが同性愛者であることを公表したこととも関係があるでしょう。

彼は「同性愛者を励ますことになれば」という思いを込めて、その手記を通信社ブルームバーグに寄せ、その中で「ゲイであることは、神が私に与えてくださったもっとも素晴らしい贈り物の一つと私は考えている」と記しています。「人生におけるもっとも大事な問いかけは『自分は他人のために何をしているか』だ」というマーティン・ルーサー・キング牧師の言葉を深く信じている、として彼はその寄稿に臨んだと伝えられていますが、IT企業のトップが、新しい価値形成に貢献しようとしているさまを、ここに見ることができます。

日本企業も、近年、ダイバーシティという言葉を好んで使うようになってきました。先に紹介した、ムスリムフレンドリーメニューに取り組んだヤンマーの事例（67ページ参照）は、そのよい実践例ですが、一般的には、まだ、かけ声の段階にとどまっているのではないでしょうか。**インクルージョンやダイバーシティに対する理解を深め、それをイノベーションにつなげていくことはチャレンジングな仕事です。**そして、そのための事例を、価値の対立に苦悩しつつも、それを克服しようとしているアメリカ社会に多く見出すことができます。

TOPIC 8

世界の宗教を俯瞰する③
ラテンアメリカ

植民地化とカトリックへの改宗

ラテンアメリカの宗教の分布に大きな影響を及ぼしたのは、スペインとポルトガルによる植民地化です。15世紀の頃から、ヨーロッパの国々は資源を求めて、ラテンアメリカ、アジア、アフリカへと進出しました。この「**大航海時代**」は、グローバル・ビジネスの先駆けのような時代でもありました。

もちろん、その際のビジネスは決してフェアと呼べるものではなく、ヨーロッパ列強が一方的に資源を収奪するものでした。そのときにできた支配・従属の基本構造が、現在の南北格差の原因の一つとなっていることを考えれば、**今後のグローバル・ビジネスは「大航海時代」のビジネス・モデルを「反面教師」として、富の正しい分配を考慮するもので**

なければならないでしょう。

問題はビジネスにとどまりません。大航海時代において、商人と共にキリスト教の宣教師たちも船に乗り込み、到着した土地の植民地化と並行する形でキリスト教化を行いました。自然崇拝や多神教信仰を伴っていた**アステカ文明**（現在のメキシコ中央部）や**インカ文明**（アンデス地方）は、16世紀にスペイン人によって滅ぼされ、現在のブラジルはポルトガル人によって植民地化されました。スペインもポルトガルもカトリックの国でしたが、この背景には、１４９４年、ローマ教皇アレクサンデル６世によって示された、新大陸における両国の領土分割があります。

結果的に、現在のブラジルを中心とする領域をポルトガルが、その他の地域をスペインが支配し、先住民たちに対しキリスト教を布教していきました。このような経緯からも明らかなように、ラテンアメリカが「カトリック大陸」となったのは、先住民たちが自発的にキリスト教を選択したからではありません。強制改宗に近い形で、キリスト教の布教が行われ、結果としてラテンアメリカ全域で人口の９割近くがカトリック信者となったのです。

近年におけるプロテスタントの急成長

しかし近年、この「カトリック大陸」にも大きな変化が生じています。ヨーロッパのように世俗化が進んでいるわけではありませんが、カトリックの牙城が新興のプロテスタント勢力に切り崩され、今や、ラテンアメリカのカトリック比率は7割を切ろうとしているのです。その変化の中心となっているのは、アメリカ合衆国の「**福音派**」と呼ばれる保守系プロテスタント教会、特に**ペンテコステ教会**です。ペンテコステ教会は、感情に訴える礼拝を行い、また、貧しい人々に対する社会奉仕においても熱心です。カトリックの伝統に満足できない人々が、こうしたタイプの違うキリスト教に関心を引かれているようです。

一方で、現在のカトリックのトップであるローマ教皇フランシスコは、ラテンアメリカから選出された最初の教皇です。彼はアルゼンチンの首都ブエノスアイレスでイタリア系移民の子として生まれ、そこで成長し、学び、司教として働いていました。ラテンアメリカの実情をよく知っている教皇フランシスコには、貧しい者に寄り添うという基本姿勢を見出すことができます。また、伝統を尊重しながらも、巨大なカトリックの組織が持つ負の部分を積極的に改革しようとしています。このような改革が順調に進めば、ラテンアメリカのカトリック離れに歯止めがかかるかもしれません。しかし、そうでなければ、プロテスタントがラテンアメリカの新しい宗教として、さらに広がっていく可能性もあります。

日系移民の存在

ラテンアメリカには、ブラジルやペルーを中心に日系移民が多数住んでいます。日本からの移民のコミュニティには、多くの場合、寺院が建てられ、精神的な支柱の役割を果たしてきました。天理教や創価学会など、海外布教に熱心な「新宗教」の布教先としても、日系移民が多いブラジルなどが重要な位置を占めてきました。

ビジネスの世界でも同様のことがいえます。今のように、場所を問わずにビジネスができる時代より以前においては、日系人が比較的多い場所が、日本企業の最初の海外支店や工場として選ばれてきました。

日本企業の海外進出は1960年代に本格化します。たとえば、松下電器（現パナソニック）の場合、1966年にペルー工場を作り、ラテンアメリカでのビジネスを開始しています。松下幸之助は、現地の人々と共存・共栄すること、その国に利益をもたらすことを基本理念として示していますが、[*5] こうした精神は、時代を超えた普遍性を持つものであるといえるでしょう。進出する地域の**歴史、文化、宗教、人々の生活に関心を持つことなく、利益至上主義のビジネスを展開すれば、かつての植民地主義と同じ轍を踏むことにもなりかねません。**

5　ＰＨＰ総合研究所編『**松下幸之助・経営のものさし**』ＰＨＰ研究所、１９９４年。

TOPIC 9

世界の宗教を俯瞰する④ 中東

一神教発祥の地における歴史と現状

現在の中東世界は、世界全体の中でも、もっとも不安定な地域と見なされています。そして、その要因として、一神教間の抗争や、宗派間の抗争が指摘されてきました。一言でいえば、宗教が紛争やテロの原因になっているということでしょう。しかし、こうした見方には注意が必要です。

中東は三つの一神教の発祥の地ですが、それぞれの一神教はこの地で何世紀にもわたって共存してきた歴史を持っています。もちろん、地域や時代によって、他より強い影響力を持った宗教が存在してきました。しかし、三つの一神教が対等ではなかったとしても、支配的な宗教が少数派の宗教を排除するということはありませんでした。イスラームが誕生してからは、この宗教が中東で支配的になりましたが、その支配下のもと、ユダヤ教徒やクリスチャンも自らの信仰を保持することができました。スンナ派とシーア派との抗争や、十字軍におけるキリスト教とイスラームの衝突のような出来事はありましたが、全体として見れば、一神教同士、異なる宗派同士の共存の歴史のほうがはるかに長いのです。

ただし、近代国家が成立し、西洋諸国の植民地主義的な介入が行われる中で、様々な問題が起こってきました。それらはもっぱら政治的な問題ですが、そこに結果として宗教が巻き込まれていきます。

イギリス、フランス、ロシアによる中東分割案（**サイクス＝ピコ協定**、１９１６年）や、ユダヤ人国家建設を支持する「**バルフォア宣言**」（１９１７年）などを経て、１９４８年、イスラエルが建国の道を開かれます。しかし、それは同時に、長年にわたる**イスラエル・パレスチナ問題**の幕開けでもありました。今、日本でイスラエル・パレスチナ問題と聞くと、ユダヤ教とイスラームとの因縁の戦い、典型的な「宗教紛争」と理解されがちですが、歴史的に見れば、宗教が原因となって起こった紛争でないことは明らかです。「宗教紛争」として説明されると、何となく腑に落ちるだけに注意が必要なのです。

２０１０年、チュニジアから始まった、独裁政権に反対する民主化運動は、中東の各地に飛び火し、「**アラブの春**」と呼ばれました。それがもたらした混乱を考えると、今となっては「春」と呼ぶのがためらわれるほどですが、いずれにせよ、それに続く形で「**イスラム国**」（**IS**）の台頭や、シリア内戦に伴う大量の難民流出など、解決困難な諸問題が現れてきました。また、これまで顕在化することのなかったイスラームのスンナ派とシーア派の対立が強まってきたことは、**イラク戦争**（２００３年）以降の特徴でしょう。これらの複雑な問題の背景に、アメリカ、ロシア、イラン、サウジアラビアなど、大国の介入があることはいうまでもありません。

中東におけるビジネス

かつて中東の各地に日本企業は進出していました。特に、エジプトの首都カイロでは数え切れないほどの日本企業が事業を営んでいましたが、「アラブの春」以降の混乱の中、次々と撤退していきました。安全を第一と考える日本企業にとって、中東からの撤退はやむを得ない判断とはいえ、長期的に見れば、ようやくできてきた信頼関係を失うという意味で、惜しいことでもあります。

中東と日本は、石油を中心に密接な経済関係を維持してきました。イスラームはビジネスとの関係が強い宗教です。預言者ムハンマド自身、アラビア半島を駆けめぐっていた商人だったので、商売にかかわる伝統がイスラームの中には引き継がれています。ビジネスそのものを嫌悪するような伝統は、イスラームにはまったくありません。

日本にとっても中東はよきビジネス・パートナーとなる可能性を持っていますが、逆に、中東のイスラーム世界から日本はどのように見られてきたのでしょうか。一言でいえば、**トルコを含めた中東諸国は、日本人が想像する以上に、日本を高く評価しています。**ある種の尊敬の念、憧れを持って見ている場合が多いのです。

日本が一神教の国でないことは中東でも知られています。ムスリムにとって一神教以外の宗教は、しばしば宗教としてではなく「文化」のカテゴリーに入れられます。仏教も神道も、人間の文化的な営みとしては尊重するが、一神教とは同格ではないというのが、彼らの平均的な理解です。

にもかかわらず、中東が日本を尊敬する理由として、日本には「平和の国」というイメージがあること、日本社会には宗教的な寛容性があること、そして日本を近代化のモデルとして見ていることなどを挙げることができます。日本のように経済発展したいと、多くの人々が思っています。

近代において急速に国力を高めた東の小国がアメリカと戦い、最終的には負けたという歴史はよく知られているだけでなく、彼らが日本に共感する源泉ともなっています。なぜなら、彼らは今もなお、アメリカの軍事的影響（支配）に苦しんでいるからです。イラク戦争はその典型です。罪のない一般市民が巻き込まれ、たくさんの命が奪われました。敗戦の廃墟の中から立ち上がり、奇跡的な経済復興を遂げた国として、日本に対し、中東の人々は特別な憧れと共感の眼差しを向けています。そこに過度に誇張され、美化された部分がないとはいえませんが、日本に対する肯定的な感情は確実に存在しています。

ところが当の日本社会はそのような思いを通常は受けとめていません。「お金をあげるから石油をくれ」という、即物的な関係だけが続いてきました。しかし日本は、欧米諸国が到底持つことができないような信頼関係を築くポテンシャルを有しています。下手に「テロに対する戦い」に首を突っ込むより、中東における日本の平和的な中立性を維持することのほうが、ビジネスを含む、日本の将来にとって大事でしょう。

TOPIC 10

世界の宗教を俯瞰する⑤ アフリカ

外来宗教と土着宗教の融合

アフリカ大陸は広大であるだけでなく、自然環境も文化・言語も多様性に富んでいます。アフリカは非常に大きな可能性を持っていますが、現状では、その可能性が発揮されることを阻むような政治的・経済的な不安定さが各地に見受けられます。それだけに、アフリカの人々の生活に安定を与えることのできる経済的支援やビジネスの展開が求められています。

アフリカでは、どの分野においても、中国系企業の進出が目立っており、それと比べると、日本企業のビジネス展開はかなり後れを取っているといわざるを得ません。しかし、インフラ事業をはじめ、アフリカ社会の発展に日本企業が貢献できる分野は多数あり、アフリカの現状を理解した上で、相互互恵的な関係を構築する歩みを進めるべきでしょう。

現在のアフリカでは、キリスト教が全人口の約3〜4割を、イスラームが同様に3〜4割を占めており、それ以外の人々は、各民族の伝統宗教の中で生きています。キリスト教もイスラームもアフリカの外部からもたらされた宗教ですが、アフリカの土着の文化や習慣の影響を強く受けている点に特徴があります。

アフリカでは今なお、宗教が社会の中で大きな役割を果たしています。呪術的な儀礼をして病を治す祈祷師も、アフリカ社会には多く存在しています。近代的な病院がない地域では、伝統的な儀礼や呪術に頼らざるを得ないのが現実であって、それを「前近代的」と安易に批判することはできません。**圧倒的な貧困の中で生活することを余儀なくされている人々に対し、何ができるかを考えるのは、豊かな国の人々の責任ではないでしょうか。**

キリスト教はヨーロッパの宗教というイメージが強いですが、アレキサンドリアをはじめとする北アフリカも初期キリスト教の中心地で、4〜5世紀の頃に最盛期を迎えました。その頃、スーダンやエチオピアに広まったキリスト教は今も「**コプト教会**」として、古い伝統を守っています。ただし、アフリカのキリスト教は、ローマ帝国の衰退、その後のイスラームの拡大の中で、急速に衰退していきました。イスラームは北アフリカを中心に勢力を拡大していきましたが、19世紀になるとヨーロッパ列強の植民地化に伴い、中央アフリカ以南においてはキリスト教、特にカトリックが広まっていきました。現在では、アフリカにおいてカトリックとプロテスタントはほぼ半々ですが、プロテスタントはアフリカ南部が中心です。また、ラテンアメリカ同様、アフリカでもペンテコステ教会の伸長が著しく、土着の宗教伝統を取り入れながら、人々の間に根を張りつつあります。

●アメリカ黒人のルーツ

植民地化の歴史からもわかるように、アフリカは孤立した大陸ではありませんでした。それぞれの大陸の間には忘れてはならない歴史があり、その一つとしてアメリカ黒人のルーツとしてのアフリカに目を向けてみましょう。アメリカ黒人は、16世紀初頭から19世紀半ばまでの400年の間、ヨーロッパ人によってアフリカ（主として西アフリカ）から連れてこられた人々の子孫です。1000万人以上のアフリカ人が南北アメリカに強制移住させられ、過酷な労働に従事させられました。

当時のアフリカ人の多くは、部族ごとの宗教を持ちながら、一部は、すでにキリスト教やイスラームを受け入れていました。したがって、アメリカ大陸に連れてこられた人々の中には、アフリカの文化・伝統と共に、キリスト教やイスラームを宗教的な背景として持っていた者が少なからずいました。奴隷としての生活を余儀なくされる中、日々の生活の慰めや希望を表現する手段として、**黒人霊歌**や**ゴスペル**が生まれました。黒人の文化を語る上で欠かせない霊歌やゴスペルにはキリスト教的な背景だけでなく、「アフリカ的なルーツ」があります。そして、このルーツを自分たちの誇りとして回復しようとする機運が、１９５０～６０年代、アメリカで起こった**公民権運動**の中にも見られました。

　奴隷制のように、人が人を売買するような悲劇を決して繰り返すべきではありません。しかし、21世紀になっても、人身売買は決してなくなってはいません。アフリカは今も人身売買が行われている場所の一つです。また、特に北アフリカからは、貧困や政治的抑圧に耐えかねた多数の人々が、命がけで地中海を渡り、ヨーロッパを目指しています。しかも、ヨーロッパにおける「難民」の多くは、今なお、安心できる居場所を得たといえる状況にありません。「難民」の排除の声が高まる中、ヨーロッパの人々は自らの歴史、特にアフリカ大陸との関係を真摯に振り返るべきでしょう。

TOPIC 11

世界の宗教を俯瞰する⑥ アジア

アジアは宗教的な多様性に富んでいますので、ひとまとめに語るのが難しい地域です。とはいえ、多くの地域では、インド由来の宗教伝統、中国由来の宗教伝統から多少なりとも影響を受けています。具体的にいうと、ヒンドゥー教、仏教、儒教、道教などが広範囲に影響を及ぼしています。それに加え、インドネシアやマレーシアのように多数のムスリムを擁する国々や、フィリピンのようにカトリックが強い国もあります。アジアの各地を網羅的に語ることはできませんので、ここでは、中国と韓国を中心に説明をします。

中国の宗教事情

中国の政治思想の基盤は共産主義であり、そのもとに宗教が管理されており、仏教、道教、イスラーム、カトリック（天主教）、プロテスタント（基督教）が「公認宗教」とされています。中華人民共和国憲法の第36条では「中華人民共和国の公民は、宗教信仰の自由を有する」とされていますが、同時に宗教事務条例の第3条は「宗教団体、宗教活動施設および信者は……国家統一、民族団結と社会の安定を擁護しなければならない」と記されていますので、宗教の自由は条件つきです。国家の統一、国家の秩序を脅かすと見なされれば、いかなる宗教活動も厳しく制限されることになります。

現在の政権のもとで、宗教に対する統制は以前より厳しくなってきています。しかし現実には、多様化する中国人の価値観を共産主義思想一つで満足させることはできません。心の隙間を満たすかのように、儒教やキリスト教に対する関心が高まっています（ちなみに、儒教は中国では宗教としては認められておらず、伝統文化の枠で理解されていますが、その位置づけをめぐっては論争があります）。

中国では**文化大革命**（1966－76年）の際に、多くの宗教施設が破壊されたため、人口に比して教会などの宗教施設の数が少ないのが現状です。そのため都会の教会では、一度の礼拝では入りきれないので、毎週日曜日の礼拝は複数回行われています。大学などが主催する宗教についての公開講座にも、たくさんの市民が参加しており、宗教に対する関心の高さをうかがうことができます。

共産主義や社会主義の国では、中国と同様に、宗教は国家の厳しい統制のもとに置かれるのが原則ですが、その程度は国によって異なりますし、また、時代によっても変化します。ロシアでは、旧ソ連時代、伝統宗教として民衆の間に根づいていた**ロシア正教会**に対しても厳しい弾圧が加えられていました。ロシアの時代（１９９１年から）になって、政権側は正教会との関係を改善し、たとえば、プーチン大統領が正教会の礼拝に出席するという、ソ連の共産党書記長であれば考えられなかったような光景が見られるようになっています。

共産主義思想における「宗教はアヘンである」という宗教観が変わったわけではありませんが、政権側からすれば、愛国心を高めるための有用な道具として宗教を使うことは理にかなっているのです。もっとも、政権側とロシア正教会の近すぎる関係を指して、正教会はプーチン政権の一機関になってしまったと批判する人も少なくはありません。

韓国の宗教事情

日本と似たような文化的・宗教的な背景を歴史的に持ちながらも、現在、日本とかなり異なった宗教風景を持っている国が韓国です。首都のソウルに行くと、どこを見渡しても教会がそびえ立っており、しかも、その大きさは日本では見られないほどのスケールです。何万人もの信徒を抱えた巨大教会のことを「**メガチャーチ**」といいますが、今や、韓国はメガチャーチの数でアメリカを凌ぐほどです。日本ではクリスチャンは全人口の1％未満ですが、韓国では全人口の25～30％の人がクリスチャンです（韓国の宗教人口の半数強が仏教徒で、残りがクリスチャン）。

なぜ韓国で、これほどキリスト教が受け入れられたのでしょうか。韓国社会にもともとあった朱子学や儒教などの考え方がキリスト教受容の素地となったなど、複数の理由を考えることができますが[*6]、おそらく、より直接的なのは外的な要因でしょう。朝鮮半島（韓半島）では、日本と同様に、外来のキリスト教は「外国の宗教」として警戒心を持って見られていた時期が長くあります。しかし、戦前の日本による朝鮮半島支配の時代、抗日独立運動の中心にキリスト教関係者が多数いたのです。クリスチャンが命を張って民族独立のために戦う姿を見る中で、人々はキリスト教を「外国の宗教」としてではなく、自分たちの民族のための宗教として、徐々に受け入れるようになっていったのではないでしょうか。

太平洋戦争が終わった頃の朝鮮半島では、4％ほどの人がクリスチャンであったといわれています。その後も朝鮮戦争や軍事独裁政権など、苦難の時代を人々は過ごすことになりますが、軍事独裁政権に立ち向かう民主化運動においても、その先頭に立った一群にクリスチャンの姿がありました。歴史的な苦難を共に戦う同志として、国民の信頼を獲得する中で、キリスト教は韓国社会に受け入れられていったのだと考えられます。

韓国の歴代の大統領の中には、プロテスタントおよびカトリック信者が多く見受けられますし、また、ビジネスの世界においてもクリスチャン実業家が少なくありません。海外宣教に熱心なのも韓国の教会の特徴で、日本をはじめ、世界中に韓国の宣教師がいます。ただし、急成長を遂げた韓国のキリスト教も近年は停滞気味といわれており、政治との近さや、教会の汚職問題などで、社会から批判を受けることも増えています。こうした課題に今後どのように取り組んでいくのかも気になるところです。

また、韓国が長年直面している最大の問題の一つが北朝鮮の存在です。「南北統一」をスローガンに掲げる教会もありますが、まだ解決の道筋が見えているわけではありません。朝鮮半島の中でも北部にはかつてキリスト教の拠点があり、平壌《ピョンヤン》は「**東洋のエルサレム**」

6 詳しくは、浅見雅一・安延苑『**韓国とキリスト教――いかにして〝国家的宗教〟になりえたか**』（中公新書、2012年）を参照。

と呼ばれたほどに、多数の教会が林立していました。

現在の政権下で教会がどのようになっているのかは謎の部分が多いですが、北朝鮮にも教会が存在していることは間違いないでしょう。

第3章

一神教を理解する

――グローバル・アクターとしての宗教とビジネス

TOPIC 1

一神教の現状とビジネス

世界における一神教信者

世界の宗教別人口の説明において示したように（83ページ参照）、キリスト教は22億人、イスラームは16億人の信徒を擁しており、この二つを足すと世界人口の半分から半分強を占めることになります。グローバルにビジネスを展開するには、こうした世界の現実を無視するわけにはいかないでしょう。

イスラームはキリスト教に次ぐ世界第二の宗教ですが、人口増加率はキリスト教を上回っています。ピュー・リサーチセンターの２０１５年の調査（次ページ図表参照）によれば、現在の人口推移が続けば、２０７０年頃にはキリスト教を抜き、イスラームは世界第一位の宗教になると推測されています。また、この図が示す予想が正しければ、

キリスト教徒とムスリムの今後の人口予測

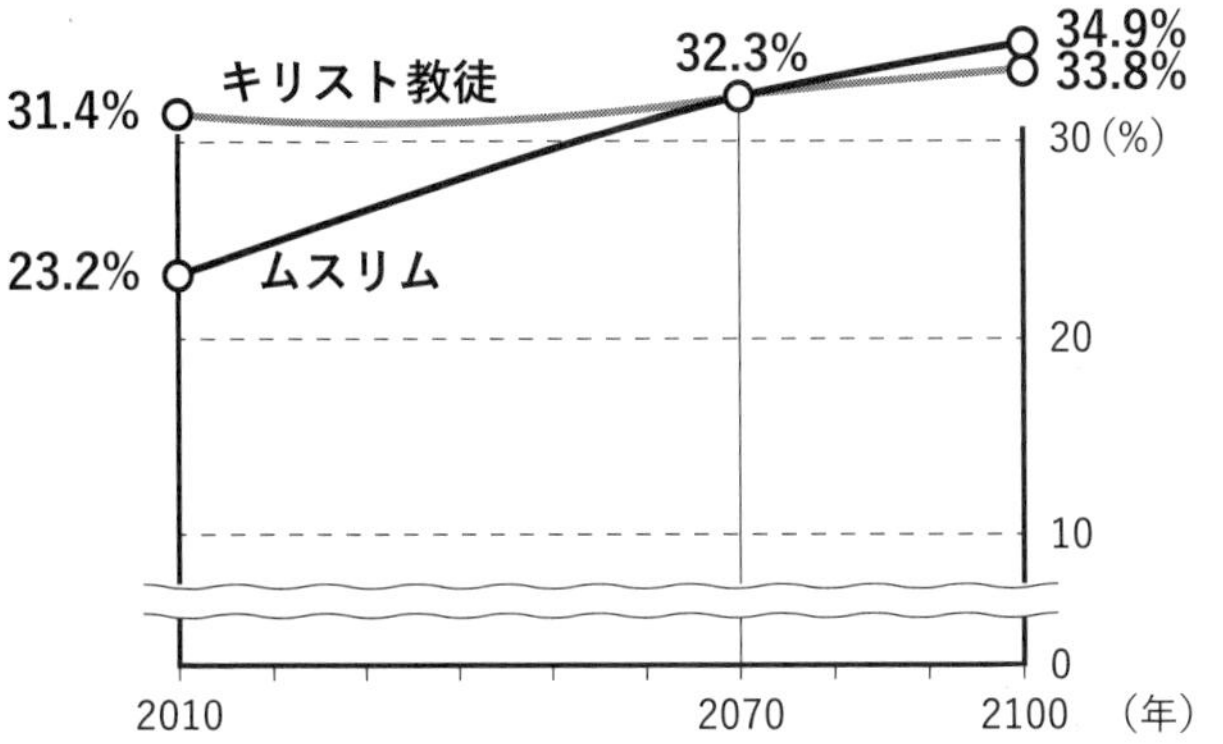

ピュー・リサーチセンター2015年調査より

2070年の頃には二つの宗教を足した人口は世界人口の65%にも及び、さらにその後もその割合が増えていくことになります。こうした人口動態も世界の未来を予測する上で大事なものとなります。

ユダヤ人は約1400万人います。その多くがイスラエルとアメリカに住んでいます。イスラエルではユダヤ人は圧倒的な多数派ですが、アメリカではユダヤ人は全人口の2%を占めるに過ぎない少数派です。世界的に見ても、アメリカ一国を見ても、ユダヤ人の数は決して多くはありませんが、その影響力は小さくはありません。特にビジネスの世界や科学の世界において、その影響力は顕著です。

ユダヤ系企業として、エクソンモービル、

ゴールドマン・サックス、スターバックスなどがよく挙げられますが、各界に数え切れないほどあります。インターネット上などで、イスラエル支援企業に対する不買運動を呼びかけるメッセージを見ることがありますが、ユダヤ系企業＝イスラエル支援企業では必ずしもありませんので、注意が必要です。ただし、パレスチナ人を抑圧するイスラエル政府のために、財政的な援助をする企業に対して反対の意思表示をするという点は、グローバル時代の消費者の一面をよく表しています。「**エシカル（倫理的な）消費**」ということが昨今、いわれるようになってきましたが、購入したモノやサービスのお金がどのように使われているのか、購入したモノはどのような環境で作られているのかは、消費者の重要な関心事の一つになりつつあります。

ビジネスの世界だけでなく、科学コミュニティに対しても、アインシュタインのような、ノーベル賞を受賞した科学者の多さから考えて、ユダヤ人の貢献は大きなものがあります。映画や音楽、芸術の分野においても同様のことがいえるでしょう。

宗教に関していえば、ユダヤ教は後続する一神教の基礎になったという点で重要です。ユダヤ人たちが、祖国を持たない状況の中で、ユダヤ教の伝統を長期間にわたって守り続けてきたことには驚くべきものがあります。しかし、現在では、必ずしも「ユダヤ人＝ユダヤ教徒」といえない状況も生じています。伝統的な戒律を守らない世俗的なユダヤ人の

一神教誕生の流れ

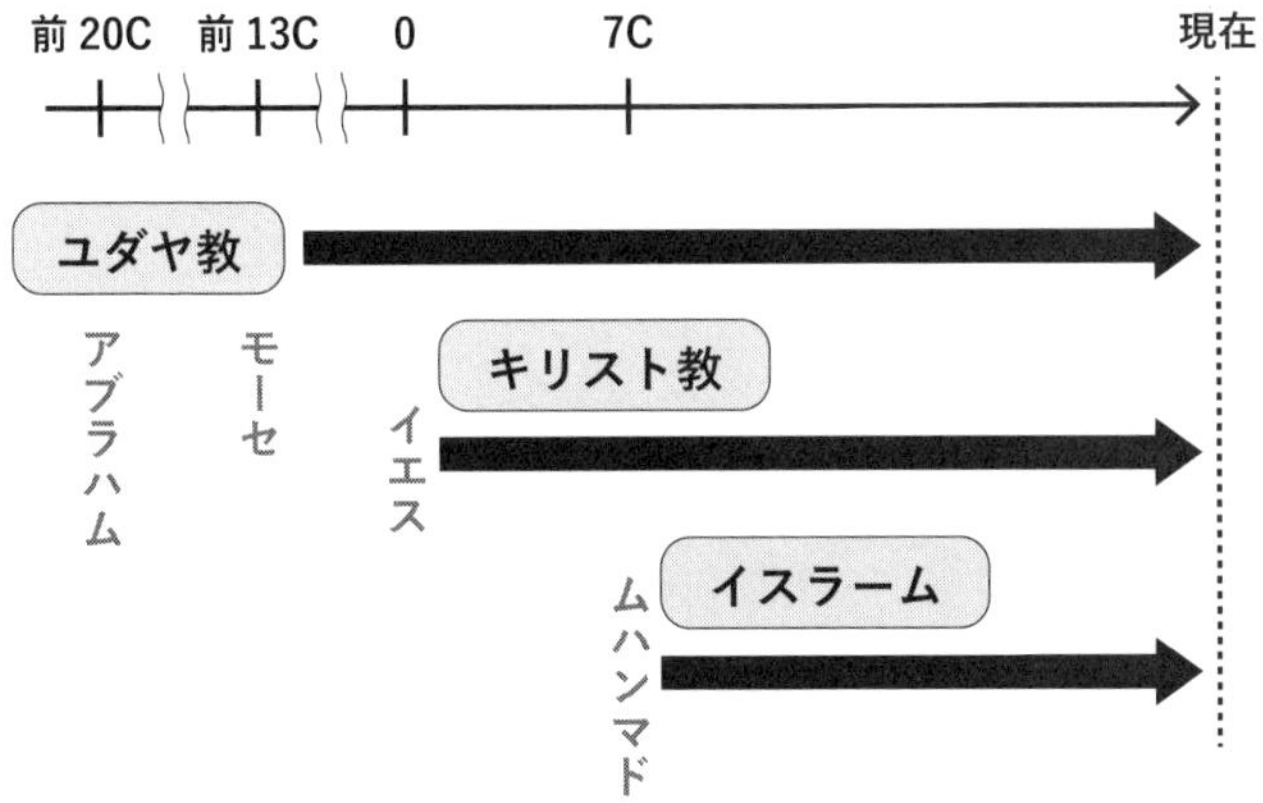

存在は無視できないほどの割合を占めているからです。

それぞれの宗教には多様な集団があり、その違いを理解することは大切です。これについては後述しますが、ここではとりあえず、その代表的な集団（宗派・教派）の名称と人口について簡単に紹介をしておきます。

キリスト教22億人のうち、カトリックが10億人、プロテスタントが5億人、正教会が2億5千万人、聖公会が7千万人を占めています。また、イスラーム16億人のうち、スンナ派が10億人、シーア派が1億2千万人を占めています。ユダヤ教1400万人のうち、保守派が450万人、改革派が400万人、正統派が200万人を占めています。人口の多さは影響力の大きさにつながっていることは間違いありません。しかし、イスラームのシーア派はスンナ派と比べれば10分の1程度の人口しかないにもかかわらず、イランの国際的な影響力を見てもわかるように、必ずしも、数の少なさを影響力の小ささに直結させることはできません。それぞれの一神教の伝統の中で、どのようにして、ここで名前を挙げたような集団が形成されてきたのかについて理解した上で、その間にある関係（ときとして緊張を伴った関係）に目を向けることが大切です。

■一神教とビジネス

次に、一神教とビジネスの接点を見ていきましょう。すでにユダヤ人と企業（118ページ参照）、イスラームとハラール・ビジネス（66ページ参照）については言及しましたので、ここでは別の事例を示すことによって、一神教世界におけるビジネス・チャンスと注意点について考えてみます。

近年、日本の多くの観光地でも、スカーフを被ったムスリム女性の姿をごく普通に見るようになりました。そこでムスリム女性のスカーフに関連して、ユニクロと英国生まれのファッションデザイナー、ハナ・タジマさんとのコラボレーションを取り上げてみましょう。

ハナ・タジマさんは日本人の父とイギリス人の母を持ち、10代でイスラームに改宗した方です。彼女は、ユーチューブなどを通じて、ムスリム女性が着用するスカーフ（**ヒジャーブ**）の新しい着こなしや、イスラーム文化の新しいファッションスタイルを積極的に発信し、世界的にも注目を集めていました。ユニクロもおそらく、その斬新さと影響力の大きさに目をつけたのでしょう。ハナ・タジマさんとユニクロのコラボはヒジャーブだけでなく、イスラームの伝統衣装をモデルとしながらも、それを大胆にアレンジした、ゆったりとした機能的な衣装も商品化しています。

彼女が、伝統的なものを現代的な感覚の中で表現し直そうとしている点、また、「エアリズム」に代表されるユニクロの最先端の布地によってヒジャーブのような伝統衣装が縫い上げられている点に、**新旧が融合するときに生じる新たな価値創造やビジネス・チャンス**を見ることができます。結果として、このコラボによって生み出された新しいコレクションは、世界のムスリム女性にアピールするだけでなく、非ムスリムの女性にとっても魅力的なものになっています。

京都では、伝統的な友禅染《ゆうぜんぞめ》で仕立てたヒジャーブをムスリムの観光客向けに商品化している例もあります。ヒジャーブは、欧米では女性抑圧のシンボルとして批判されることもありますが、当のムスリム女性たちはそのようには考えていません。自分らしさを表現するアイテムとしてヒジャーブを被っており、その表現の幅が広がるのは歓迎すべきことなのです。新しいビジネスが、旧来の偏見を乗り越えていく一助となっている点は、実に興味深いものです。

トラブルの事例

ユニクロがグローバル・ビジネスの一環として、ハナ・タジマさんとのコラボを企画したのは画期的ですが、こうした新しい挑戦には同時にリスクがつきものです。かつて日本企業は、ハラールについて十分な知識を持っていなかったためにトラブルを起こしたことがありました。味の素がインドネシアで販売していた商品（いったんハラール認証を受けていました）に豚由来の酵素を使っていたことが判明し、現地日本人社長を含む数名が逮捕されるという事件があったのは2001年のことです。近年では、このような過去の教訓を生かす形でイスラーム世界に対する理解も少しずつ深まってきました。

また、日本の文化もイスラーム世界に広く行き渡るようになっています。その代表例がマンガやアニメです。日本はマンガやアニメの輸出大国で、中東でも日本のアニメ作品は好んで見られています。「ワンピース」などは中東でも大人気です。しかし、世代を超えて愛好されてきたアニメは、何といっても「キャプテン翼」でしょう。主人公の「翼」はアラブ名「マージド」に変えられるなど、登場人物の多くはアラブ名を与えられています。中東の子どもたちの多くは「キャプテン翼」をテレビで見ながら、サッカーに夢中になっていったのです。

マンガやアニメは文化交流のツールとしても有用なので積極的に発信していけばよいのですが、同時にイスラーム地域へ伝達する場合には注意すべき点もあります。日本でも公序良俗に反する表現は違法とされますが、イスラーム地域の中には「表現の自由」に対し、宗教的な視点からの監視を課している国もあります。

たとえば、マンガ『ジョジョの奇妙な冒険』の中で、主人公のジョジョの一行がエジプトに行く場面があるのですが、そこでコーランを投げ捨てるような一コマがあり、冒瀆的だとして問題になりました。日本人からすれば、目くじらを立てるほどのことはないと思うかもしれませんが、ムスリムにとってコーランは「神の啓示」として最大限の敬意を払われている書物なので、マンガの中でも扱いには注意が必要なのです。ちなみに、マンガ『聖☆おにいさん』は、現代の東京にブッダとイエスが現れて共同生活を営む様子を描いたコメディで、ときにブッダとイエスの口から過激な言葉が飛び出してきますが、このマンガの中に、預言者ムハンマドが登場することはなさそうです。預言者ムハンマドを描くこと自体がイスラームではタブーとされていますので、著者はおそらくそうした事情も理解しているのでしょう。

また、ポケモンはアニメから近年のスマホ・ゲーム「ポケモンＧＯ」に至るまで、世代を超えて世界中で人気を得ていますが、中東の一部ではときどきポケモンが問題とされてきました。ポケモンを禁じる**ファトワ（宗教令）**が出されてきたのです。子どもの遊びを禁止するとは大人げないと多くの人は思うことでしょう。

ポケモンはもともとカードゲームから始まったので、それがイスラームで禁じられている賭博にあたるとの指摘は当初からありましたが、もっとも大きな理由は進化論との関係です。ポケモンの進化（たとえば、ピカチュウがライチュウに進化する）は生物学上の進化というよりは生物の「変態」（幼虫がさなぎに、さなぎが蝶になる）にはるかに近いといえます。しかし、ポケモンの世界では「進化」という言葉が頻繁に使われ、それはスマホ・ゲーム「ポケモンＧＯ」にまで引き継がれています。神による世界創造という信仰の立場からダーウィンの進化論がイスラーム社会では原則的に否定されているという事情が、ポケモン禁止の背景にあります。

TOPIC 2

現代の課題としての世俗主義と原理主義

世俗主義と原理主義——ビジネスとの対応関係を考える

一神教に共通する現代の課題として、「**世俗主義**」と「**原理主義**」があります。世俗主義については先にも少し触れましたが（86ページ参照）、ここでは、原理主義とからめて見ていくことにしましょう。三つの一神教それぞれの中に、膨大な多様性がありますが、それはただ乱雑なわけではありません。多様性を整理するためには、二つの相反する極性として世俗主義と原理主義を理解することが有効です。つまり、膨大な多様性、言い換えれば、見解や解釈の相違を二つの極性からの距離によって特徴づけることができるのです。

世俗主義は西洋世界では政教分離と同義に用いられてきました。簡単にいえば、世俗主

世俗主義と原理主義

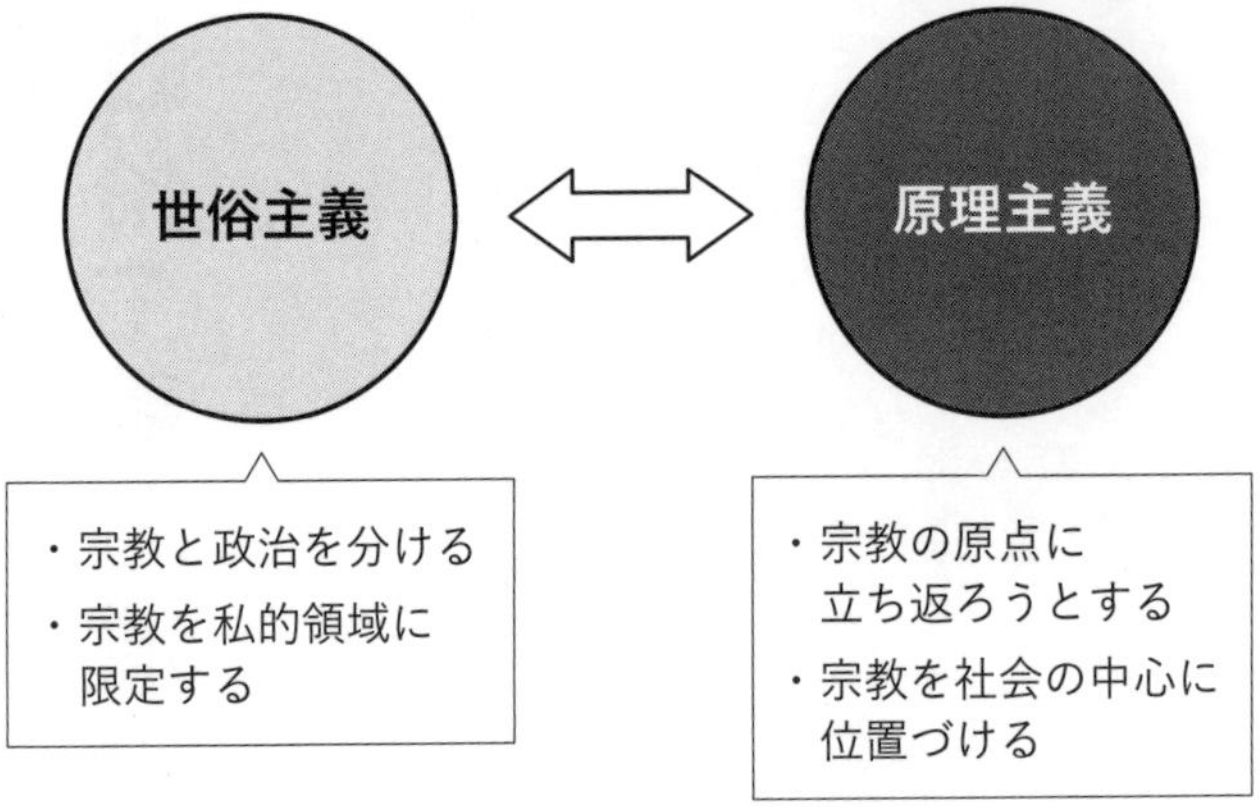

義は、社会生活を私的領域と公的領域に分け、宗教を私的領域に位置づけようとする考え方です。イスラームでは、元来、私的領域と公的領域の分離という考え方はありませんが、近代西洋の影響を受ける中で、この取り扱いが議論されてきました。また、原理主義は、変化する社会や外部からの影響に対抗するために、宗教的な原点にたち返ること、あるいは、宗教的な権威を社会の中心に据えようとする考え方です。**世俗主義において宗教は私的なものへと押し込められ、他方、原理主義において宗教は社会の中心に置かれますので、両者は対極的です。**

　世俗主義と原理主義についてさらに論じる前に、ビジネスにおける対応関係を考えてみましょう。ビジネスの場合、ここで「宗教」と呼んでいるものを「創業者の理念」あるいは「企業理念」に置き換えて考えることができるかもしれません。第1章で「理念は必ず形骸化する」と述べました（31ページ参照）。企業理念は、元来、そのビジネスを発展させる動機づけを含んでいます。企業活動の精神的基盤と言い換えてもよいでしょう。それが創業者の生き様を間近で見てきた社員の中で生き生きと共有されている間は、まさに「生きた理念」として維持されます。しかし、代替わりが進んだり、組織規模が大きくなると、理念の生き生きとした側面が、形式的な規律に変わっていくことがあります。大切なものが内実を失っていくことを、あまり信じたくない人もいるかもしれませんが、「看板」にすがる皮相な理想主義者になるより、歴史の教訓から学ぶことのほうが大切です。

理念は大事なのだから守らなければならないとして、形を変えずに残そうとすることが徹底されていくと、皮肉にも理念は、人を「生かす力」から、人を「縛る力」になりかねません。時代の変化に対応することなく、文言だけが堅持されていくと、この傾向に拍車がかかります。**理念を自分たちの課題として担うためには、ただ同じ事を繰り返し、受け継ぐだけでなく、時代にかなった自分たちの言葉で解釈し、表現し直すことがときとして必要**なのです。しかし、時代の流れにただ迎合するだけでは、何か問題が起きたときに、判断基準がぶれ、適切な対応ができなくなります。

理念とは常時に養い、非常時にものをいうものです。もともと理念は時代の潮流に「抗う力」として、企業や学校などの組織の土台に据えられたはずです。単に一般的な社会通念を追認するだけであれば、理念など不要だからです。理念が生きたものとして機能しているかどうかをチェックする方法は簡単です。**理念が今なお「抗う力」として、社会的な常識や通念に対する反対命題（アンチテーゼ）になっているかどうかを確認すればよいのです。**もし、理念が「抗う力」ではなく「追認する力」として求められているとすれば要注意です。

理念をどう養うかは、企業にとって永遠の課題かもしれません。しかし、その課題の重要性を認識し、忙しい中でも、課題に向き合うためには、様々な歴史的教訓から学び続けることが有用であり、宗教はそのリソースの一つとなります。

社会の近代化、あるいは、相次ぐ宗教紛争（価値観の対立）に対応する知恵として、世俗主義や政教分離が欧米社会で形づくられてきました。一言でいえば、社会の変化に対する宗教の適応をここに見ることができます。しかし、社会が変化し、一見発展しているように見えても、政治的な抑圧や経済的な格差は簡単になくなるものではありません。このような抑圧や格差の問題が大きくなるにつれ、社会の変化の仕方が間違っていたのではないか、近代化の中で作られてきた世俗的な社会秩序はおかしいのではないか、という声が出てくるのも自然なことです。そうした声を吸収し、宗教的な原点にたち返って社会改革を進めようとするのが、広い意味での「原理主義」だといってよいでしょう。原理主義には暴力的なイメージがつきまといがちですが、ここでは原点回帰による社会変革の動機づけとして原理主義を理解しておきます。

世俗化と宗教の多様化

世界が一方的に世俗化しているわけではないことは、第2章の冒頭で述べた通りです。確かに、ヨーロッパあるいは近年のアメリカを見ていると、一般的に社会の世俗化は進行しているといえるかもしれません。しかし、細部に目をやると、現代社会の変化する現実が見えていきます。

ヨーロッパではキリスト教に次ぐ第二の宗教としてイスラームが社会に根を下ろしつつあります。そのため、ヨーロッパ社会をキリスト教の視点だけから見て、世俗化が進行しているというと、社会の宗教的多様性を見過ごすことになります。

また、アメリカでは自分を「非宗教的」(特定の宗教組織にかかわっていない)と考える人が、今や、23%にも及びます(ピュー・リサーチセンターによる2016年調査)。

１９７０年代から80年代において、それが10％以下であったことを考えると、ヨーロッパと比べれば格段に宗教的といえるアメリカ社会も着実に世俗化しています。しかし同時に、自分自身を「スピリチュアルだが宗教的ではない」（spiritual but not religious）と考える人がアメリカ人成人の27％に達し、５年前から８％も上昇しています（同センターによる２０１７年調査）。つまり、教会のような特定の宗教組織に帰属することはないけれども、広い意味での宗教性、すなわち、スピリチュアリティに関心を持つ人の数は増えているということです。

このように、**一見すると世俗化が進行しているかのような社会であっても、その内部においては、宗教のあり方が多様化しつつ、広い意味での宗教性は持続・発展していること**に注意を払うべきでしょう。

原理主義の持つ力と意味

次に、世俗主義とは対極の立場にあるともいえる原理主義について見てみましょう。原理主義は今日ではネガティブな意味合いで使われることが多いだけに、そのイメージに引きずられる前に、言葉の歴史的な成り立ちにまず目を向けてみます。

原理主義という言葉が誕生したのは20世紀初頭のアメリカ社会においてです。現在、メディアでは「**イスラーム原理主義**」という言葉が頻出しますので、意外と思うかもしれません。**ファンダメンタリスト（原理主義者）**という言葉は、もともとは1920年代に、アメリカのキリスト教保守派が進化論や近代的な文献批評学（聖書を「神の言葉」としてではなく、古代社会の文献として学問的に扱います）と対決するために用いた「自称」でした。その呼び名は、1910－15年に刊行された『ザ・ファンダメンタルズ』という12巻の小冊子のタイトルに由来します。

しかし、ホメイニーによる**イラン革命**（1979年）以降、（アメリカから見て）警戒すべきイスラーム主義運動に対して「原理主義」という言葉がマスコミ等によって転用されるようになり、原理主義といえば、「イスラーム原理主義」を指すようになり、現在に至っています。

ちなみに、イスラーム世界では原理主義という言葉は自称として用いられず、宗教的理念に基づいた運動は「**イスラーム主義**」や「**イスラーム復興主義**」と呼ばれています。「原理主義」という用語使用の中心舞台が、キリスト教からイスラームに移ったとはいえ、今もキリスト教の中には**宗教右派**（保守的なキリスト教信仰に基づいた政治勢力）のように「キリスト教原理主義」といって差し支えない集団は存在しています。そして、そうした集団の中にはトランプ大統領を熱狂的に支持する人々もいるのです。アメリカ史を振り返れば、トランプ大統領は決して例外的な存在ではなく、むしろ、アメリカが根源的に持つ宗教性が、彼を生み出す一因となっていることがわかります。そうしたアメリカの論理を支えるものとして、アメリカに「土着化」したキリスト教があるのです。[*7]

大統領が誰になっても、アメリカは日本にとって最大のビジネス・パートナーであり続けることに変わりはありません。トランプ大統領が発する、ときとして奇異な発言に振り回されることなく、アメリカ社会の論理、とりわけ、経済的成功と宗教の信仰を結びつける論理を理解しておくことは大切です。

第2章の「宗教の動的な姿」において、中心点（成長点）が移動することに触れました（80ページ参照）。それはただ単に活力ある地域が時代とともに移動しているということを意味しません。新しい地において、その土地に住む人々の考え方や文化を吸収する形で「土着化」するのです。ヨーロッパのキリスト教が単にアメリカに移動したというにはとどまらない変化がそこにはあり、この点が宗教を学ぶ醍醐味でもあります。たとえば、アメリカを知るためには、アメリカに土着化したキリスト教の特質を知ることが大きな鍵になります。

このように宗教における原理原則は決して不変のものではありません。しかし、それゆえに文化的な変容や組織の肥大化の中で、原則や理念が見えにくくなったとき、それを回復しようとする運動が起こります。その意味で、原理主義的な動向は、今後の国際社会を理解する上でも欠かせません。歴史的にいえば、1517年に始まったプロテスタント宗教改革も、以前からあった聖書に新たな意味づけを与えたという意味では、聖書という原点に立ち帰ろうとした原理主義的運動ということができます。キリスト教に限らず、他の一神教や他の宗教にとっても、帰るべき起源および抵抗の立脚点としての聖典は大きな意味を持っています。

さらにいえば、時代の変化が激しくなるほど、それに抵抗するための力として原理主義的な運動が出てくるのは、グローバル社会の必然といえるでしょう。原理主義は過去の遺物ではなく、その様々な変化形態を、今後も私たちは目撃することになるはずです。そして、そこには暴力的なものも含まれるかもしれません。

それゆえに、**原理や理念を純粋に追求したり、そこにたち帰ろうとする傾向を人間が本源的に持っていることを理解した上で、それが暴力的な方向へ、あるいは、他者を蔑むよ**

[7] このあたりの事情については、森本あんり『**宗教国家アメリカのふしぎな論理**』（NHK出版新書、2017年）が、わかりやすく説明してくれています。

うな方向へと向かわないようにする知恵を、私たちは模索し続ける必要があります。これまで西洋社会では政教分離がその役割を果たしてきましたが、今までと同じ規範を適用するだけでは済まない事態になっています。単純に世俗主義や政教分離を唱えるだけでは問題解決ができない時代に私たちはいるのです。

世俗主義一辺倒でも、また原理主義的な回帰だけでもなく、両者の意義を理解した上で適切なバランスをとることができるかどうかが、今後のグローバル社会で試されることになります。

こうした大きな見取り図を意識しながら、次からはユダヤ教、キリスト教、イスラームから、私たちの日常に生かすことのできる、どのような知恵を学ぶことができるのかを考えてみましょう。

TOPIC 3

ユダヤ教から学ぶ①

ユダヤ教についての基本知識

ユダヤ教の歴史

ユダヤ人たちはイスラエル・パレスチナを中心とした古代イスラエルの歴史を共有する一方で、離散（**ディアスポラ**）の民として地中海を中心に各地に居住してきました。しかし、その長い歴史を通じて、ヘブライ語聖書を基礎とした強固な宗教民族共同体として、そのアイデンティティを維持してきました。古代ユダヤ教では、預言者**モーセ**に帰せられる**モーセ五書**（「**トーラー**」と呼ばれる、聖書の冒頭にある「創世記」「出エジプト記」「レビ記」「民数記」「申命記」）が重要な役割を果たしてきたことから、ユダヤ教の起源をモーセに求めることもできます。ただし、トーラーがまとまったものとして編纂されたのは紀元前587年のエルサレム神殿崩壊の時期以降です。現代のユダヤ教に直接につながるのは、紀元後70年のエルサレム第二神殿の崩壊によって、神殿祭儀ではなく、トーラーを中心とする書物の宗教として再起した「**ラビ・ユダヤ教**」（ラビは書物を教える教師）です。置かれた環境の変化の中で、神殿（祭儀）中心の宗教から書物（教え）中心の宗教へと姿を変えてきたのがユダヤ教です。

2世紀、ローマ帝国に対する反乱（132－135年）で敗北して以降、ユダヤ人たちは実質的に国を失います。ローマ帝国は反乱終結後もユダヤ人たちがエルサレムに立ち入ることを禁じ、4世紀になってようやくユダヤ人は、決められた日に限り、神殿跡の「西の壁」の前に立つことを許されました。この壁は後に「**嘆きの壁**」とも呼ばれるようになります。

ユダヤ人のコミュニティは祖国を失った後も、各地で維持されました。イスラームがアラビア半島や地中海沿岸、中東全域へと支配領域を広げていくと、イスラームの社会の中でユダヤ人たちは共存する術を身につけていきます。イスラームから見れば、ユダヤ人たちは同じアブラハム（一神教信仰の父祖）の伝統の中にある「**啓典の民**」なので、**人頭税**（**ジズヤ**）さえ払えば、一定の制限のもと、信教の自由が与えられていました。一方、キリスト教がヨーロッパの支配宗教となる4世紀以降、ヨーロッパのユダヤ人は、キリスト教社会の中で宗教的少数者として様々な制限を受けながらも、そのコミュニティを存続させていきます。十字軍の際には、ユダヤ人の集落が襲われるなど、反ユダヤ感情が暴力に結びつくことも、しばしばありました。そして、ヨーロッパに長年巣くっていた反ユダヤ感情がもっとも暴力的に爆発したのが、ナチス・ドイツ時代の**ホロコースト**（ユダヤ人の大虐殺）です。６００万人ともいわれるユダヤ人たちの命が強制収容所などの中で奪われたのです。

こうした歴史的な経緯から、19世紀末から始まっていた、ユダヤ人国家を建設しようとする「**シオニズム運動**」（「シオン」はエルサレムの別名）の終着点として、１９４８年にイスラエルが建国されました。しかし、イスラエル建国は、この地に先住していたパレスチナ住民の土地を奪うことになり、それは「**イスラエル・パレスチナ問題**」として、今も解決されないままです。これは中東全体にとっても大きな不安定要素であるだけに、公平な解決策が求められるところです。

エルサレムは三つの一神教の聖地であり、その中立性を維持することが公平性や治安のためにも必要です。しかし２０１７年12月、アメリカのトランプ大統領はエルサレムをイスラエルの首都として正式に認めると発表し、新たな火種を作ることになりました。トランプ大統領の発言は、パレスチナ人はいうまでもなく、国際社会から激しい批判を浴びることになりましたが、その行き先はいまだ不透明なままです。

●ユダヤ教の主要グループ

第2章でユダヤ教の食事規定について述べた際、一口にユダヤ人といっても、どの程度厳格にその規定を守るかは千差万別であることを指摘しました（70ページ参照）。こうしたユダヤ教の多様性を理解するために、現在、ユダヤ教の主流グループに「**正統派**」「**保守派**」「**改革派**」の三つがあることを知っておくとよいでしょう。[*8]

正統派（**オーソドクス**）ユダヤ教はトーラーに記された戒め（戒律）を文字通りに守り、実践しようとする厳格な集団です。さらにその中には、世俗的な生活から距離を置き、もっぱら聖書の勉強に専念している**超正統派**（**ウルトラ・オーソドクス、ハレーディーム**）と呼ばれる人たちがいます。イスラエルやアメリカの特定の地域では、黒い帽子、黒いスーツ、長い髭・もみあげを特徴とする超正統派のユダヤ人男性を見ることができます。

イスラエルでは、男性は3年、女性は1年9ヶ月間の兵役期間が課せられていますが、超正統派の人々は長い間、兵役を免除されてきました。しかし、超正統派の数が増えてくるにつれ（出生率が高いため人口増が著しいのです）、同じ国民でありながら、彼らだけが兵役を逃れていることに批判の声が高まり、２０１７年からは超正統派にも兵役が課せられるようになりました。

一方、社会の変化への適応という点に関して、正統派と対極にあるのが**改革派（リフォーム）**ユダヤ教です。トーラーなどの伝統を大切にする点は同じなのですが、改革派は、それを現代社会に合わせてより柔軟に解釈します。現代人にとって複雑過ぎたり、実行困難な内容を簡素化し、より多くの人に開かれたユダヤ教を目指しています。アメリカのユダヤ教の主流となっているのは、この改革派ですが、イスラエルでは改革派は正式な教派としては認められていません（正統派だけが公認されています）。

保守派（コンサーバティブ）は正統派と改革派の間に位置するといってよいでしょう。改革派と同様、アメリカを最大の拠点としています。保守派は、ユダヤ教の伝統を保守するという意味であって、政治的な保守派とは異なります。

このようにユダヤ教の内部においても多様な立場があり、特にアメリカにおいてその多様性は顕著です。しかし、国家としてのイスラエルを支持するという点で、圧倒的多数の

8 ユダヤ教の各グループの歴史的な由来について関心のある方には、ノーマン・ソロモン『**1冊でわかる　ユダヤ教**』（[山我哲雄訳] 岩波書店、2003年）をお薦めします（特に第7章参照）。

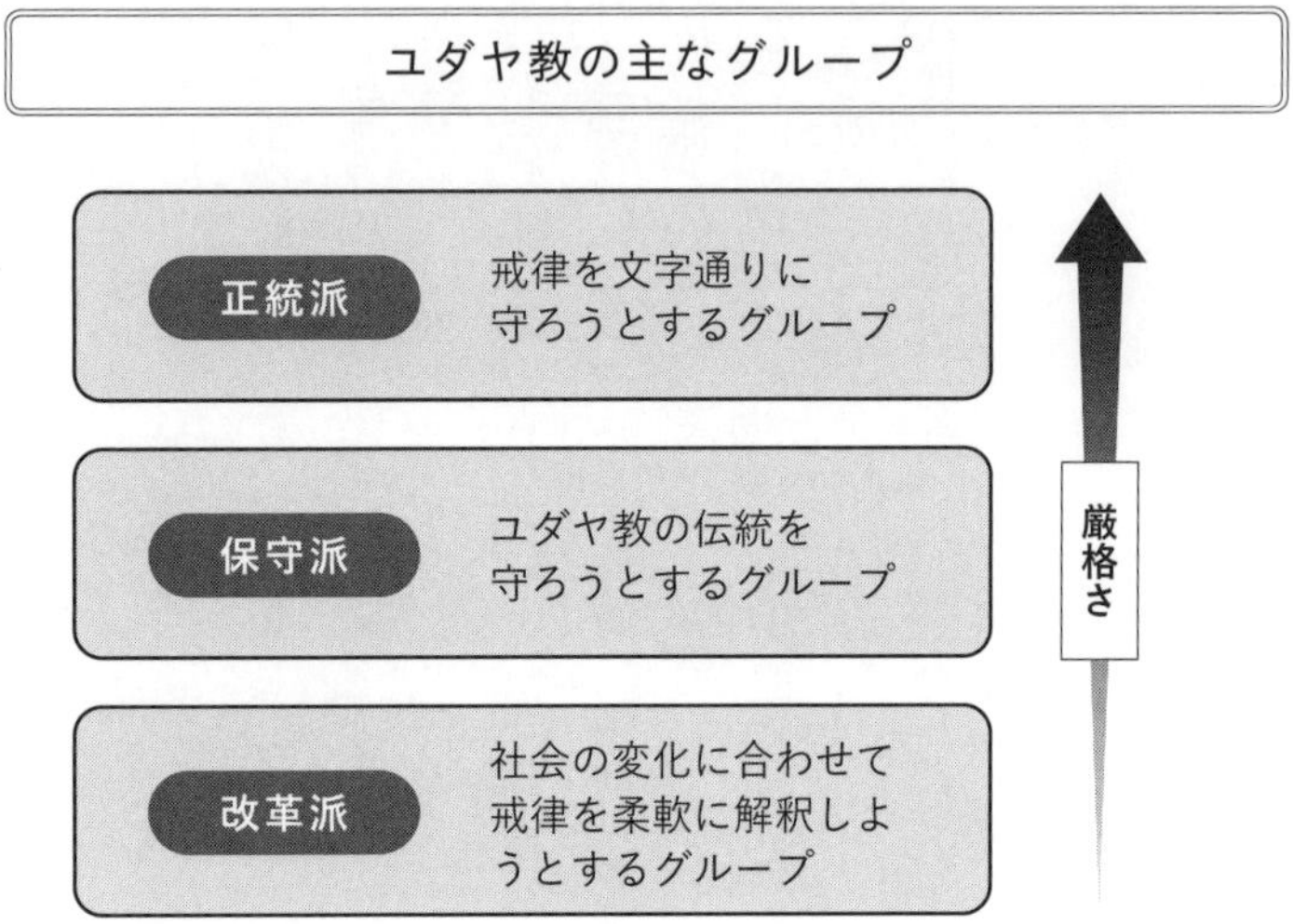
ユダヤ教の主なグループ
正統派
戒律を文字通りに守ろうとするグループ
保守派
ユダヤ教の伝統を守ろうとするグループ
改革派
社会の変化に合わせて戒律を柔軟に解釈しようとするグループ
厳格さ

ユダヤ人が一致しています。また、イスラエルを支持する保守派のアメリカのクリスチャンの中には、イスラエルの建国を、神の国（あるいはメシア）の到来が近づいている「しるし」として見る人も少なからずいます（「**クリスチャン・シオニスト**」と呼ばれています）。

　こうした事情もあって、大統領が共和党選出であれ民主党選出であれ、イスラエル支持を表明することがアメリカ政治の共通認識となっているのです。ただし、アメリカとイスラエルの強固すぎる関係が、中東で起こっている諸問題の解決に貢献しているのか否かについて、国際社会の意見は大きく割れています。

金融資本とユダヤ人

「ユダヤ資本が世界を支配している」といったセンセーショナルなメッセージを伴った本や雑誌を見かけることがあります。陰謀論的なものには注意が必要ですが、18世紀後半に銀行家として成功を収めたロスチャイルド家を筆頭に、ユダヤ系の財閥や金融資本は確かに数多くあります。しかし、金融（お金）とユダヤ人の結びつきは、それより古い時代にさかのぼります。

端的にいえば、ユダヤ人は好んで金貸しのような金融業にかかわったのではなく、それ以外の選択肢が多くなかったという歴史的な事情があります。キリスト教が中心のヨーロッパ社会で、ユダヤ人たちはしばしば二級市民的な扱いを受け、農業を営む土地を所有したり、店を構えて商売することを禁じられていました。職業上の制限を受ける中で、比較的安定した収入源となったのが金貸しでした。利子をとって金を貸す仕事は、キリスト教の世界ではもっとも卑しい職業とされていたことにも注意を払う必要があります。キリスト教に限らず、ユダヤ教、イスラームを含む一神教の伝統では、利子を取ることは禁じられていましたが、宗教的少数者としてのユダヤ人たちは、自分たちが生き延びていくために、当時もっとも卑しい職業として蔑まれていた金融業にかかわらざるを得なかったのです。

しかし、18世紀に産業革命が起き、資本主義経済が広がっていく中で、もっとも卑しいとされてきた金融業の役割が大きく変わることになります。資本主義経済では資本流通の基盤は金融業によって担われることになったからです。こうした時代の変化を経て、ユダヤ人たちはディアスポラとして生きてきた広域ネットワークを生かしながら、金融業界で大きな影響力を持つようになっていったのです。

今ではIT業界をはじめ、多領域にわたってビジネスの成功者を生み出しているユダヤ人コミュニティは、それを一朝一夕に成し遂げたわけではありません。長い間、安住できる土地を持たない状況において民族のアイデンティティを維持するために、聖書の教えを徹底して解釈・研究し、世代を超えて教育してきました。このような歴史的蓄積が、様々な革新的なアイディアを生み出すユダヤ人の精神的基盤を整えてきたのではないでしょうか。

TOPIC 4

ユダヤ教から学ぶ②

仕事に生かすユダヤ教の知恵

安息日

ユダヤ教は主としてユダヤ人のための宗教であるとはいえ、非ユダヤ人もそこから多くのことを学ぶことができます。ここでは私たちの労働観に新たな洞察を与えてくれるものとして**「安息日」（シャバット）**に着目します。

ユダヤ教は、聖書に記された様々な戒律を今も守っていますが、その戒律の中でももっとも重要とされるのが安息日の遵守です。「**ユダヤ人が安息日を守ったのではなく、安息日がユダヤ人を守ったのである**」という言葉があるくらいに、安息日はユダヤ人がユダヤ人であり続けるために欠かせないものです。

安息日は聖書冒頭にある「創世記」に記された、神による天地創造の物語に由来してい

安息日の根拠となった聖書の記述

第七の日に、神は御自分の仕事を完成され、第七の日に、神は御自分の仕事を離れ、安息なさった。この日に神はすべての創造の仕事を離れ、安息なさったので、第七の日を神は祝福し、聖別された。

（「創世記」２章２－３節）

ます。「創世記」２章２－３節には、神が６日間の天地創造の仕事を終え（人間は第６日に創造されています）、第７日に「安息」したと記されています。この聖書箇所に基づき、第７日には人間もまた一切の仕事をしないという戒律が生まれました。モーセの十戒にも「安息日を心に留め、これを聖別せよ」（「出エジプト記」20章８節）とあります。

ちなみに、ユダヤ教の暦では夕方から新しい一日が始まりますので、安息日は金曜日の夕方から土曜日の夕方に当たります。イスラエルでは、安息日には、すべての公共機関や交通機関、商店などが閉まります。厳格なユダヤ人にとっては、スイッチを押すことも労働として禁じられますので、エレベーターのスイッチを押すこともできません。したがって、イスラエルのホテルの多くには、シャバット・エレベーターが設置されており、何もしなくても各階に自動停止するようになっています。高速運転するエレベーターを尊ぶ日本社会から見れば、シャバット・エレベーターはまったく馬鹿げたものに見えるかもしれませんが、「安息」に徹底したこだわりを持つユダヤ精神の神髄を見る思いがします。

安息日は日常をリセットし、大事な事柄（聖書に記された神による導き）に意識を向けるという目的がある他、社会的格差をリセットする役割も負っています。たとえば、普段、高級車を乗り回している金持ちであっても、安息日には車を運転せず、何も持たない人であるかのようにして過ごします。**私たちは何かを所有することによって立派な人間になったと錯覚しがちです。**しかし、ユダヤ人は安息日には、金持ちであろうと貧乏人であろうと、神の前では一介の人間に過ぎないことを思い起こすのです。

ユダヤ教の安息日はキリスト教にも引き継がれていきます。ただし、キリスト教では安息日を土曜日ではなく、イエス・キリストが復活したとされる日曜日に定めています。キリスト教の場合、ユダヤ教のような厳格な労働の禁止を日曜日に求めているわけではありませんが、普段の労働をやめて、大事な出来事を思い起こす日として重要です。

現在の脳科学が示しているように、人間の脳は休みなく働くと、能力がどんどん低下していきます（私たちもそのことを経験的に知っています）。別の言い方をすれば、脳を確実に休ませることによって、結果として脳の本来の力を引き出すことができます。第1章で言及したように、イノベーションを必要とするIT企業が、マインドフルネス瞑想に関心を向けるのは科学的にも根拠のあることです（21ページ参照）。ユダヤ人たちは世代を超えて、1週間のうち1日は強制的に体と脳を休ませてきました。聖書の批判的な学びに加え、こうした習慣がユダヤ人のクリエイティビティに関係しているのかもしれません。

■日本人の休日

一神教の伝統を持たない日本社会にとって安息日は一見、無関係のように思えるかもしれません。しかし、ユダヤ教・キリスト教の安息日、そこから派生した休日の考えがなければ、日本で休日が制度化されたかどうか怪しいでしょう。日本では明治時代になって、ようやく休日が定着してきますが、そもそも、「休む」とは私たちにとって、どのような意味を持つのでしょうか。「働き方改革」が声高に進められる中、安息日を手がかりにしながら、その問いに向き合ってみましょう。

休日という習慣が日本古来のものでないことは明らかです。少なくとも江戸時代まで、一般庶民が休むことができたのは盆と正月、お祭りのときくらいでした。休むことを知らない社会、あるいは、休むことを許されない社会であったといえます。

開国以降、日本は近代国家としての体裁を整えることに邁進します。その時代、近代国家とは何かということを示唆してくれる人々の中に、在留の外国人がいました。宣教師グイド・フルベッキ（1830－1981年）はその一人でした。来日当初、彼は英語教師として働きながら人脈を広げ、後に明治政府の顧問のような役割を果たしていくことになりますが、彼が日曜日を休日とすることを提案した一人のようです。フルベッキは、西洋キリスト教社会で一般化していた休日としての日曜日の導入が、日本の近代化にとっても重要であると考えたのでしょう。いずれにせよ、日本人にとって新奇なこの休日は、近代化政策の一環として、市町村役場や学校などから徐々に普及していくことになります。

現在、多くのヨーロッパ諸国では平均2～3週間の長期休暇を取ることが保証されています。また、ドイツやオーストリアでは閉店法によって、土曜日と日曜日の商売は原則的に制限・禁止されています。休むことへの並々ならぬこだわりが伝統として息づいているのです。この伝統の起源となったのが、安息日です。神が命じたのだから、休まなければならない、という理屈は実にわかりやすいものです。**日常の雑事からの解放としての安息日は、人の尊厳を支える根源的な自由の大切さを考えさせる機会にもなりました。**もちろん、こうした宗教的な理由だけでなく、今日の西洋社会における休日が、労働者の保護という側面を有していることはいうまでもありません。

一方、わが国でも休日が導入されて久しいわけですが、勤勉の美徳が邪魔をするのか、休むことへの罪悪感は根強く存在しています。戦後の日本のビジネスモデルは長い間、休日にも無頓着に働き続けるマッチョなビジネスパーソン像が理想とされてきました。戦後間もない経済成長期に、こうした労働スタイルが不可避的に求められたとしても、これから本格的な少子高齢化を迎えようとしている日本社会が、同じようなスタイルを貫くことは、かえって多くの歪みをもたらすことでしょう。労働という点においても成熟した社会になるために、安息日が持つ意義を考えることは無駄ではないはずです。

もう一つ、私が懸念することがあります。将来のビジネスパーソンとなる若い人たちの姿です。たとえば、中高校生の部活動への献身ぶりを見るとき、そのことを感じずにはいられません。平日はいうに及ばず、ほぼ毎週末のように学校が生徒を拘束する様子（先生も拘束されます）は、休日意識の高い西洋社会から見れば、地獄絵図のように映るかもしれません。

日本では、地獄の苦しみを越えてこそ達成することのできる何かがあると考えるわけですから、もちろん、どちらがよい悪いとは一概にはいえません。ただ私が危惧するのは、若い頃から「休む」ということの積極的意味を味わうことなく大人になっていった場合、繰り返す日常を批判的に見つめる目を養うことがどのように可能になるのか、という点にあります。**不自由への忍耐を要求する世界に隷従することなく、複数の世界を渡り歩く自由は、充足した安息の内にこそ宿る**からです。

「休む」ことの意義を問うのは、いまだに「過労死」をなくすことのできない日本社会にとって喫緊の課題でもあるので、最後の章で、あらためて扱いたいと思います。

TOPIC

5

キリスト教から学ぶ①

キリスト教についての基本知識

キリスト教の始まり

イエス（紀元前6－4年頃誕生）がキリスト教の開祖とされますが、ユダヤ人であるイエスと彼の弟子たちは、ユダヤ教の伝統の中で活動しており、自分たちが新しい宗教（キリスト教）を始めたという意識はありませんでした。その意味では、イエスの運動（30歳代に開始され1年ほど続く）は、ユダヤ教イエス派と呼べるようなものでした。しかし、イエスは、ときとしてユダヤ教の伝統的な戒め（律法）に抵触する形で、身分の違いを超えた福音の宣教（「神の国」の告知）を行ったため、ユダヤ教主流派の人々から反感を買い、最終的に、ローマ帝国に対する反逆者として十字架刑に処せられました。

新約聖書によれば、イエスは死の3日後に復活し、弟子たちの前に現れ、40日後に天に昇ったとされています。いったんイエスを見捨てた弟子たちは、復活したイエスと出会う中で、イエスを「**メシア**」（救い主）として再認識しました。このメシアがギリシア語で「**クリストス**」（**キリスト**）と呼ばれることになります。

キリスト教の聖典

キリスト教は**旧約聖書**（全39巻）と**新約聖書**（全27巻）を聖典としています。それぞれ「古い契約」「新しい契約」という意味を持っていますが、現在あるような形で、各文書が聖書としてまとめられ、正式に認定されたのは、397年の**カルタゴ教会会議**においてです。それ以前には地域によって、教会で用いられる書物には違いがありました。そのため、結果的に「聖書」の中に含められなかった「外典《がいてん》」「偽典」と呼ばれる書物もあります。こうした書物と区別する意味で、聖書は「**正典**」と呼ばれます。しかし、初期キリスト教の様子を知るためには、正典に含められなかった書物も重要であり、近年話題になったものとして「ユダの福音書」（裏切り者とされてきたユダが実は真理を授かっていたと理解）や「マグダラのマリアの福音書」（小説『ダ・ヴィンチ・コード』などが素材として利用）などがあります。

キリスト教において旧約聖書と呼ばれてきた書物は、ユダヤ教の聖典でもあり、ユダヤ教徒にとっては今なお、新旧の区別なく唯一の「聖書」であり続けています。キリスト教がユダヤ教の「聖書」を旧約聖書と名づけてきたことが、ユダヤ教に対する差別感情を助長する一因となったのではないかという反省が近年なされ、とりわけ学問の世界においては、中立的な表記として、**「ヘブライ語聖書」**という呼び名が用いられています。

キリスト教の基本的な教えは、聖書に基づいています。しかし、元来、パレスチナにおけるユダヤ的な文化・伝統（ヘブライズム）を前提にしているイエスの教えが、地中海周辺のギリシア語世界（ヘレニズム世界）へと伝達される中で、そこから様々な思想的影響を受け、教会の神学の中に組み込まれていきました。結果的に、教会の歴史の中で、イエスの教えと教会（キリスト教）の教えの間に「距離」が生じていることがあります。その一例を次に見てみましょう。

イエスの教えとキリスト教の違い

たとえば、聖書には次のようなイエスの言葉が記されています。

〝人を裁くな。あなたがたも裁かれないようにするためである。あなたがたは、自分の裁く裁きで裁かれ、自分の量る秤で量り与えられる。あなたは、兄弟の目にあるおが屑は見えるのに、なぜ自分の目の中の丸太に気づかないのか。〟(「マタイによる福音書」7章1－3節)

日本にも「人の振り見て我が振り直せ」ということわざがあることからもわかるように、通常、私たちは人の行為を批判する割に、自分自身の欠点には気がつかないものです。しかも、他者をあるがままに全体として見ることなく、自分の尺度で測って判断したり、批判したりしがちです。そのような自己中心性を誰もが持っていることを理解した上で、イエスは「人を裁くな」と言うのです。今、インターネット上でも、あるいは国際政治の舞台でも、人が人を裁く、あるいは糾弾する言葉が溢れているだけに、イエスの言葉には、かえって現代的な意義を感じることができます。また、別の箇所には次のようなイエスの言葉があります。

〝あなたがたも聞いているとおり、「隣人を愛し、敵を憎め」と命じられている。しかし、わたしは言っておく。敵を愛し、自分を迫害する者のために祈りなさい。あなたがたの天の父の子となるためである。父は悪人にも善人にも太陽を昇らせ、正しい者にも正しくない者にも雨を降らせてくださるからである。〟(「マタイによる福音書」5章43－45節)

この言葉の背景には、人間を敵と味方に分け、悪人である敵対者は裁かれるべきだという一般的な考え方があります。実際、イエスの弟子の中にも、自分たちに敵対するローマ軍を蹴散らしてくれるようなメシア（救い主）の到来を期待していた者もいました。しかし、イエスの言葉は、敵・味方の二元論、善悪の二元論を超えろ、と言っています。もちろん、敵を愛することなど簡単にできることではありませんが、我々の中にある善悪二元論的な発想が、多くの問題の根幹にあることは間違いありません。

世の中のあり方をラディカルに批判し、それを超える地平を示そうとするイエスの言葉が聖書にあるにもかかわらず、また、イエスが「人を裁くな」とはっきりと言っているにもかかわらず、キリスト教は大きくなるにつれ、人を裁くことに熱心な宗教になってしまいました。カトリック教会が異端の追求と処罰のために設置した「異端審問」などは、その最たるものです。イエスは「敵を愛し、自分を迫害する者のために祈りなさい」と命じましたが、後のキリスト教は、意見を異にする者を迫害する側に立つこともありました。

このように起源的な理念が組織的な発展の中で歪められ、正反対ともいえる結果が生じることは、キリスト教に限らず、見られることです。私の好きなラテン語の格言の一つに“corruptio optimi pessima”があります。「**最善のものの腐敗は最悪のものを生み出す**」という意味ですが、味わうべき教訓を含んでいます。キリスト教は、この格言の実例の宝庫といえるかもしれません。いずれにせよ、**理念と現実の乖離をどのように再調整したらよいのか、という課題は、企業を含め、すべての組織にかかわる普遍的な問題ではないでしょうか。**

キリスト教の主要な教派

キリスト教は今や数え切れないほどの教派を有していますが、大きくは、ローマを中心とした西方教会とコンスタンティノポリス（現在のイスタンブール）を中心とした東方教会が起源となっています。11世紀の頃までは両者はそれぞれ異なった信仰上の強調点を有しながらも、互いに教会としての一体性を認め合っていましたが、1054年、激しい論争がもとになって東西教会は分裂しました。それ以降、西の**ローマ・カトリック教会**に対し、東方教会は**東方正教会**としての独立性を強めていきます。

カトリック教会が教皇を中心とした統一組織を持っているのに対し、東方正教会は各地域における教会の自立性を尊重します。コンスタンティノポリスが中心的な役割を負っていたとはいえ、ロシア正教会、ギリシア正教会、ルーマニア正教会、ブルガリア正教会など、それぞれの地域で独自の言語を用いた礼拝を行っており、それらの間に序列関係はあ

キリスト教の主な教派

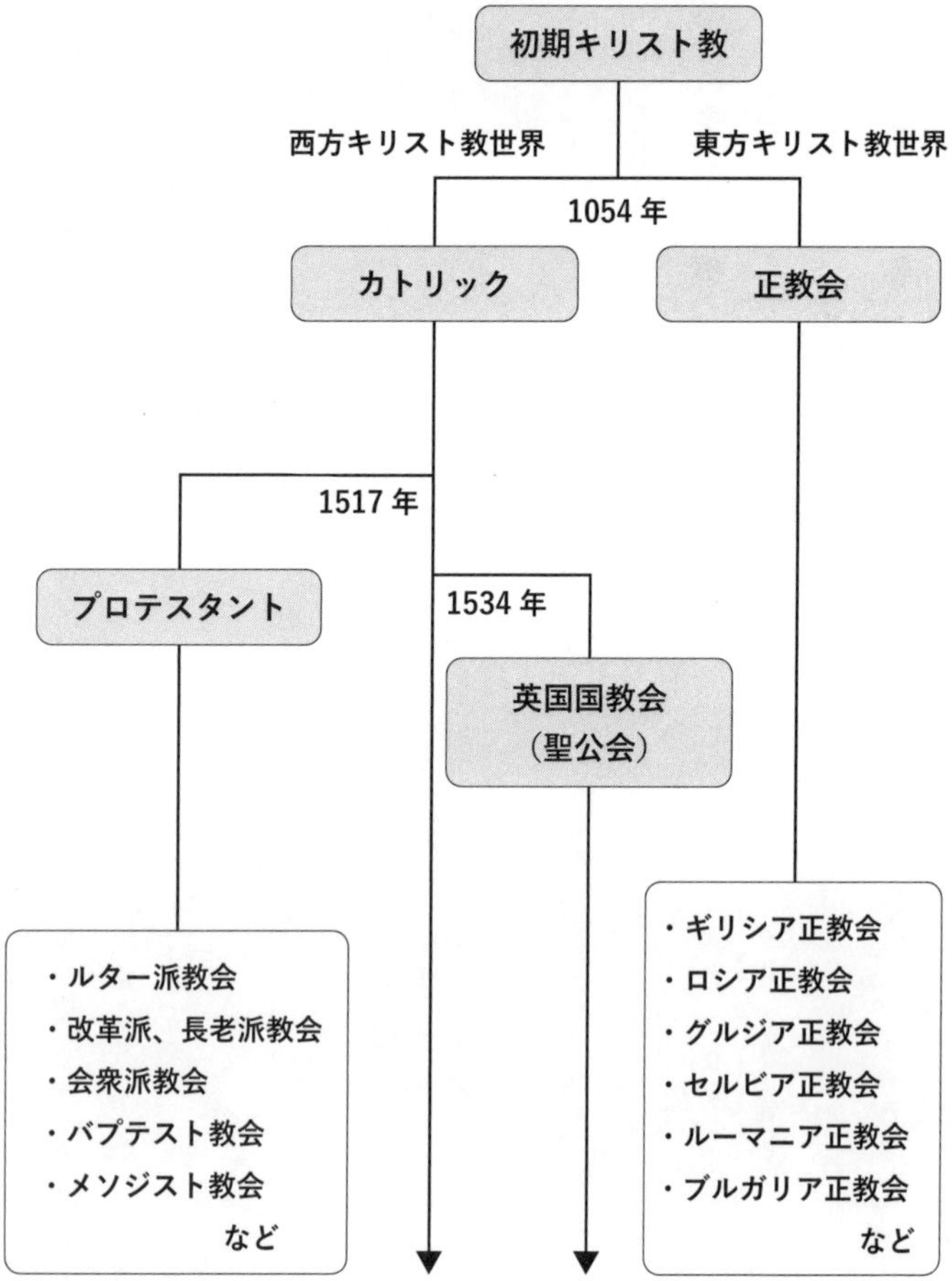

初期キリスト教
西方キリスト教世界
東方キリスト教世界
1054年
カトリック
正教会
1517年
1534年
プロテスタント
英国国教会
（聖公会）
・ルター派教会
・改革派、長老派教会
・会衆派教会
・バプテスト教会
・メソジスト教会
など
・ギリシア正教会
・ロシア正教会
・グルジア正教会
・セルビア正教会
・ルーマニア正教会
・ブルガリア正教会
など

りません。

プロテスタント教会は、16世紀の宗教改革を経て、カトリックから分離・独立する形で形成されていきました。宗教改革の原理として、「聖書のみ」「信仰のみ」「万人祭司」が挙げられますが、いずれの原則もカトリックに対する反対命題となっています。①教皇が出す諸文書ではなく聖書のみを基礎とし、②カトリックが推奨する行い（たとえば贖宥状《しょくゆうじょう》の購入）によってではなく、信仰によってのみ、神の前で義とされることを説き、③カトリックの階級制度に依存することなく、万人が神の前で平等に祈り、奉仕することができることを主張しました。

結果的に、カトリックや東方正教会にとって伝統の一部となっていたマリア崇敬や聖人崇敬は、プロテスタント教会では、信仰にとって不必要なものとして否定されることになりました（聖書的な根拠がないというのが理由です）。また、正教会ではイコン（聖像）崇敬が盛んであるのに対し、カルヴァン派の宗教改革運動の中では、宗教画などは偶像崇拝的とされ徹底して排除されました。妻帯については、宗教改革者マルティン・ルターが妻帯を認めたことから、プロテスタントの諸教派では認められています。それに対し、カトリック教会と正教会は、原則的に聖職者の妻帯を禁止しています。聖職者については、カトリックや正教会では「**司祭**」と呼び、プロテスタントでは「**牧師**」と呼びます（カトリックの「神父」は、司祭に対する呼び名であり、職名ではありません）。

■プロテスタントの諸教派

日本でも19世紀後半以降、とりわけ、1873年にキリシタン禁制の高札が撤去されて以降、様々なプロテスタント教会の宣教師がやって来ました。キリスト教人口は決して多くなかったとはいえ、キリスト教は日本の近代史に大きな影響を及ぼしています。[*9] 特に教育、福祉、医療などの領域でキリスト教は独自の貢献をしてきました。

戦後、日本の最大のパートナーとなったアメリカは歴史的にプロテスタントが主流の国なので（ただし、カトリックもアメリカの全人口の4分の1を占めるほど多くいます）、アメリカに関する情報の一部として、プロテスタントの多種多様な教派名を目にすることがあります。ちなみに、歴代のアメリカ大統領は一人をのぞき全員がプロテスタント信者です（唯一の例外は、カトリック信者であったジョン・F・ケネディです）。

16世紀、ドイツ、スイスを中心に**宗教改革**が起こった後、イギリスおよびアメリカにおいて、プロテスタント教会は様々な教派を生み出すことになりました。こうした宗教改革を起点とする諸教会の他、カトリックから離脱した教会として**英国国教会**（**聖公会**）があります。

1534年、イングランド王のヘンリー8世が離婚問題をきっかけに教皇庁と対立し、自らを英国国教会の最高首長とし、ローマ・カトリックとの関係を断ち切りました。英国国教会は本国の海外進出と共に海外伝道に力を入れました（英国の外では「聖公会」と呼ばれます）。カトリックと異なり、英国国教会は女性の司祭を認めています（1994年に初めての女性司祭が誕生）。

ルター派教会は、宗教改革者マルティン・ルターに由来する最古のプロテスタント教会です。ドイツから北欧にかけて広がっていったルター派教会は、今ではアジアやアフリカにも多くの教会があります。

また、宗教改革者ジャン・カルヴァンらの流れを汲むのが**改革派教会**です。改革派教会は、信徒の中から長老を選出して教会を運営するというスタイルを取ることから、**長老派教会**と称する場合もあります。

会衆派教会は、16世紀に英国国教会から分離して成立しました。教会員（会衆）の合意

9 キリスト教に関係する歴史的な出来事を網羅的に知りたい方には、鈴木範久『**日本キリスト教史――年表で読む**』（教文館、2017年）をお薦めします。

に基づいて教会を形成することを目指したところから、会衆派教会と呼ばれるようになります。信教の自由を求め、１６２０年、新天地アメリカに渡った「ピルグリム・ファーザーズ」（巡礼の父祖）たちの大半が会衆派であったことから、アメリカにおいて会衆派は、建国の理念にも大きな影響を与えています。今日では、会衆派教会は合同キリスト教会に合流しています。その他、アメリカ建国以来の主流派プロテスタント教会として**バプテスト教会**や**メソジスト教会**があります（いずれも英国で誕生）。

　現代のアメリカでは、こうした伝統的な教派の他、特定教団に属しない単立（独立派）の教会も増えています。また、伝統的な主流派教会が伸び悩んでいるのに対し、**ペンテコステ教会**など活力ある礼拝を行う、新しい教会が力を伸ばしているのも現代の特徴です。**「福音派」**（エヴァンジェリカル）という言葉も近年、メディアで頻出しています。たとえば、「トランプ大統領を福音派クリスチャンが支持している」といった具合です。「福音派」という言葉は、もともとは単に「プロテスタント」を意味するに過ぎなかったのですが、近年では、教派の違いを超えて、保守派のプロテスタントを総称する用語として使われています。福音派は、中絶反対、同性愛（同性婚）反対といった保守的価値観を共通のプラットフォームとして大同団結しており、またそれゆえに大統領選挙をはじめ、政治の世界にも一定の影響力を及ぼしています。

TOPIC 6

キリスト教から学ぶ②

仕事に生かすキリスト教の知恵

分裂からダイバーシティへ

第1章で「宗教改革」と「鎌倉仏教」を取り上げた際に、宗教改革者たちが、メタボ化した組織体から贅肉をそぎ落とし、エッセンスを明確にした「オープン・システム」を再構築し、原点に立ち帰ろうとしたことを指摘しました（33ページ参照）。

ただし、原点回帰的な運動は、別の一つのシステムを作り出したのではなく、むしろ、原点回帰のあり方、すなわち「何が立ち帰るべき原点なのか」をめぐって、多様な流れを生み出すことになりました。**プロテスタントの場合も、数え切れないほどの教派に分かれてきたことは、意見対立の結果という面もありますが、結果的に多様性をもたらすことになりました。**

組織の活性化や持続可能性の向上のためには、こうしたダイバーシティを長期的に評価する視点が欠かせません。一元化されたシステムは短期的には生産性をあげることができるかもしれませんが、ダイバーシティを排除すると、長期的にはシステムは硬直し、時代の変化に対応できなくなるでしょう。

もちろん、意見の対立があるたびに、際限なく分裂していけば、組織は弱体化していきます。そのため、異なるグループであっても、目的を共有できるのであれば、グループ同士が連携したほうが、より効果的に目的を達成できるはずです。

プロテスタント教会は19世紀までは教派の違いに固執していました。しかし、20世紀初頭には、教派の違いを乗り越えていこうとする**エキュメニカル運動**（**教会一致運動**）が起こり、今日、**世界教会協議会**（1948年設立）などがその取り組みを続けています。世界教会協議会には120以上の国々から、350近い教会のグループが加盟しており、ほとんどのプロテスタント伝統教派、正教会、聖公会がメンバーとしてかかわっています。また、カトリックは正式メンバーではありませんが、設立当初からオブザーバーとしてかかわってきています。設立時には、欧米の教会が中心となっていましたが、今では、アジア、アフリカ、ラテンアメリカ等、広く世界中の教会が加盟し、地域の課題やグローバルな課題について話し合い、必要なアクションを起こしています。

ビジネスの世界では、企業のM&A（合併・買収）も、異なる組織が一つになる行為ですが、M&Aには「敵対的買収」のように強者が弱者を一方的にのみ込むような場合もあります。エキュメニカル運動や、その流れの中で出てきた**教会合同運動**（異なる教団・教派の合同）は、M&Aの中でも「事業提携」による一体化に近いものです。教団・教派の間には確かに組織規模の格差があります。しかし、キリスト教の教会は、小さい教会集団であっても、その固有の伝統を尊重され、大きな組織と対等に話し合うことが可能です。長いキリスト教史の中では、支配的な教会や教派が少数派を弾圧した事例が、いくつもあります。そうした歴史に対する反省がなされながら、強者が弱者を支配することのない多様性が模索されています。

企業のM&Aにおける課題の一つは、異なる企業文化や理念を持つ企業同士がどのようにすれば、共通基盤に立つことができるか、ということです。他社が大切に考えている理念を尊重せずに、自社の理念だけを押しつけ、それによって統合を図ろうとすると無理が生じるでしょう。時間がかかることを覚悟した上で、**異なる理念の融合、それによるダイバーシティの創出を尊ぶことができるかどうか**が、M&Aの場合にも大事ではないでしょうか。

●社会への多様なコミットメント

教会・教派の多様性にとどまらず、同じ教派の中でも、保守派からリベラル派まで幅の広い意見が見られるのが、現代のキリスト教の特徴といえます。たとえば、バチカンの公式声明だけを見ていると、カトリックは保守的な価値観の牙城のように見えます。しかし、カトリック信徒、特にアメリカのカトリック信徒の中には、バチカンの方針とは合わない、きわめてリベラルな考え方を持っている人が少なくありません。「カトリックだからこうだ」と簡単に決めつけることはできないのです。

中絶、同性愛（同性婚）、死刑制度、戦争、社会保障制度、銃規制等々、社会的に論争となる事柄は多数ありますが、キリスト教はいずれの議論にも深くかかわっており、その賛否も分かれています。アメリカ社会のように意見の対立が激しく表出され、社会が分断されてしまう場合もあります。

このような論争を一方的に賞賛するわけにもいきませんが、いずれにせよ、社会問題に深くかかわり、多様な意見とその根拠を知ることができるという点で、キリスト教が持つ社会的な多様性は他の宗教と比べても群を抜いています。

日本社会は、会社も含め、論争してお互いの意見をぶつけ合うよりは、根回ししてでも、穏当にコンセンサスに至ることを大切にする伝統を持っています。村社会の延長のような社会であれば、おそらく、そうした作法のほうが、安定した組織運営に寄与することでしょう。

しかし、好む好まずにかかわらず、自分たちの伝統の外部から多様な価値観が流れ込んでくるグローバル社会の中では、多様な意見のマネジメントを避けることはできません。その点で、「論争する宗教」としてのキリスト教は、私たちに考える素材を多数与えてくれます。

TOPIC 7

イスラームから学ぶ①

イスラームについての基本知識

■ムスリムの基本原則

イスラームは、ユダヤ教、キリスト教の後に誕生した、もっとも若い一神教です。信仰の父祖アブラハムによって示された唯一なる神への信仰に、より純粋な形で立ち帰ろうとする信仰運動として、預言者**ムハンマド**によって始められたイスラームは、シンプルで洗練された信仰の基本原則を持っています。もちろん、その後の歴史の中で、スンナ派やシーア派、多様な学派（法学派）が形成されますが、信仰の基本は同じです。

入信するために必要なのは、「アッラー以外に神はなく、ムハンマドは神の使徒であることを私は証言します」と2人のムスリムの前で証言することだけです。それだけでムスリムになることができます。キリスト教の場合、生まれてすぐに行う幼児洗礼の他に、自らの意思でクリスチャンになる場合には、洗礼式、信仰告白の前に、通常、聖書やキリスト教の教えについての基本的な学びをします。それと比べると、イスラームの入信儀礼は、きわめてシンプルで、わかりやすいものです。

いったんムスリムになった者が信じるべき事柄、行うべき事柄は簡潔に「**六信五行**」としてまとめられています。つまり、神、天使、啓典、預言者、来世（天国や火獄）、予定（すべての運命は神によって定められていること）の六つを信じ、生涯をかけて、信仰告白（先に挙げた入信の際の言葉。礼拝でも同じ言葉を唱えます）、礼拝（定められた時間に1日5回の礼拝をすること）、喜捨（困窮者救済のために財産の一部を捧げること）、断食（ラマダーン月の日中、飲食を絶つこと）、巡礼（少なくとも一生に一度、メッカに行くこと）の五つを行えばよいのです。イスラームは中東世界を超えて、世界に広がっていきましたが、入信儀礼や六信五行の簡素さ・明確さは、イスラームが広く受容される一因であったといえるでしょう。

ちなみに、一回の礼拝は5分程度なので、仕事に差し支えるようなものではありません。また、週に一度、金曜日正午にはモスクで集団礼拝が行われます。ムスリムの多い国では、この金曜日が休日になっていることが一般的です（日曜日は休日ではありません）。ただし、ユダヤ教やキリスト教と違って、「安息日」という考え方がありませんので（イスラームでは神が休むことはないとされます）、金曜日でも店は開いています。

六信五行など、信仰の原則はシンプルとはいえ、イスラームはすでに１４００年もの歴史を有しています。そのため、原則に対する解釈の違いや議論の蓄積、また地域が拡大することに伴う文化的多様性の拡大などを考慮すると、イスラームの全体像を知るためには、一定の学びが必要となります。[*10]

■コーランとシャリーア

ムスリムが日々読誦《どくしょう》するのが聖典「**コーラン**」（アラビア語により近い表記としては「**クルアーン**」）です。コーランは、預言者ムハンマドに下された神の言葉そのものの記録とされています。もともと、コーランは預言者ムハンマドの時代に読誦されていたものであり、それが預言者の死後しばらくして書きとめられ、聖典とされました。異本（異なるバージョン）は存在しません。分量的には新約聖書とほぼ同じですが、新約聖書が最初から手紙等のテキストとして存在し、一番古い文書から新しい文書までおよそ１００年の開きがあり、どれが正統性のある文書かという議論があったのとは対照的です。

ムスリムはコーランを絶えず身に携え、大事にしています。中東に行くと、携帯用のミニサイズのコーランをあちこちで目にします。もっとも現在では、コーランのスマートフォン・アプリ（多言語対応）が普及していますので、若い人はスマホでコーランを読む機会のほうが多いかもしれません。聖書が多言語に翻訳され、その間で優劣がないのに対し、コーランはアラビア語で記されたものが唯一、聖典と認められています。他の言語に翻訳されたものは、一つの「解釈」であって、真にコーランを読むためにはアラビア語を習得する必要があります。こうした事情もあって、非中東圏に住む、アラビア語を母語としないムスリムも幼少期からアラビア語の学習に余念がありません。私たちはグローバル世界の言語というと英語一辺倒になりがちですが、私の経験上、アラビア語の利用範囲は想像以上に広く、英語に匹敵するほどの影響力を持っているといえます。

イスラームは他の一神教と同様、偶像崇拝を否定します。キリスト教ではいくつかの論争を経ながらも、宗教画が発展したのに対し、イスラームでは絵画に対しては、ほぼ一貫

10 小杉泰『**イスラームとは何か——その宗教・社会・文化**』（講談社現代新書、1994年）は、今なお古びない、堅実かつ網羅的な入門書として強くお薦めできます。また、同著者による『**イスラームを読む——クルアーンと生きるムスリムたち**』（大修館書店、2016年）は、項目が短く区切られており、イスラームの特徴やムスリムの日常に、わかりやすく迫ることができる内容になっています。

モスク内部の様子

して否定的な態度を取ってきました。預言者ムハンマドを描くことも禁じられています。しかし、絵画の代わりに、金、赤、青などの原色に彩られた美しいコーランの写本が生み出されてきました。また、モスクの壁面などには、芸術的といえるほどに精緻かつ流麗なアラビア語でコーランの文言が記されています。

ムスリムの社会生活では、コーランの他、**シャリーア（イスラーム法）**も重要な役割を果たしています。シャリーアは宗教儀礼（食生活、礼拝、断食など）、結婚・離婚、葬儀、遺産相続、裁判、戦争など生活の全般にわたる指針を示しています。ただし、法学派や地域・国によって解釈上の違いが多少あります。また、シャリーアの位置づけをめぐっては多様な意見があり、同じムスリムの間でも、イスラーム的な価値やシャリーアを社会の中心に据えようとするイスラーム主義者と、それは個人に任せるべきだと考える世俗主義者との間に、激しい対立が見られることもあります。いわゆる「**アラブの春**」（2010－11年）で独裁政権が倒れて以降、こうした対立が特に顕在化してきています。もっとも、イスラーム社会における政治的な変化は、「アラブの春」以前から起こっており、世界的にイスラームの位置づけに大きな影響を及ぼしたのが**9・11アメリカ同時多発テロ事件**（2001年）です。*11 9・11がイスラーム社会に及ぼしたインパクトを正しく理解するためにも、歴史を通じて受け継がれてきたイスラームの基本的な姿を知っておくことが大切です。

スンナ派とシーア派

どの地域に住むムスリムにとっても信仰の基本は同じですが、ここでイスラームの二

11 9・11以降の変化に大きな見取り図を与えてくれるものとして、小杉泰『**9・11以後のイスラーム政治**』（岩波書店、2014年）があります。

つの主要グループ、**スンナ派**と**シーア派**について簡単に触れておきましょう。本章の冒頭でも言及したように、イスラーム約16億人のうち、スンナ派が10億人、シーア派が1億2千万人を占めています。

預言者ムハンマドの打ち立てた慣行・規範（**スンナ**）を重視する人々をスンナ派と呼びます。スンナ派は共同体（**ウンマ**）の合意を重視し、特定の人に権威を与えることはありません。それに対し、預言者ムハンマドの血統を重視し、いとこのアリー（第4代カリフ、在位656－661年）を指導者に仰いだのがシーア派です。シーア派は指導者を、絶対的な判断を下す「**イマーム**」と呼び、特別な権威を与えています。シーア派はムスリム全体の中では一割弱を占めるに過ぎませんが、イラン、イラク、バーレーンなどでは多数派となっています。

宗教集団がどのような統治形態を持つかは興味深いテーマです。大局的に見れば、スンナ派には共同体中心の合議的統治システムが、シーア派には権威者中心の階級的統治システムがあるといえます。同じことをキリスト教に当てはめて考えれば、階級的統治システムを持つのがカトリックで（イエスの一番弟子ペトロが初代教皇とされ、その権能が現代に至るまで継承されています）、合議的統治システムを持つのがプロテスタント（教皇制度を否定し、万人祭司を唱えました）となります。同じプロテスタントの中でも、より合議的な特性を持った教派と、より階級的な特性を持った教派に分けることができます。

ビジネスで考えてみると、優れたカリスマ創業者の威光は、簡単には色あせません。そのため、創業者の強いリーダーシップを継承し、創業者の家系から社長を選出する階級統治的な企業には、揺るがない正統性を土台とした強さがあるに違いありません。しかし、**トップの世代交代において、経営のノウハウは継承できても、カリスマ（特別な賜物）性は継承できないのです。**そのため、社会の変化に柔軟に対応していくために、あえて外部から社長を抜擢し、新しいリーダーシップのもと、より合議的に会社運営を進めていくことも可能です。この問題は、宗教集団か、企業かにかかわらず、組織全般に共通していえることではないでしょうか。たとえば、強いカリスマ性を持っていたスティーブ・ジョブズなき後のアップルが、どのような経営戦略を立て、ジョブズのカリスマ性を補っていくのか、興味が尽きません。

ヘレニズムの継承者としてのイスラーム

次に、イスラームの文明レベルでの影響力を確認しておきましょう。「文明の衝突」といった言葉が一人歩きすると、あたかも、西洋文明とイスラーム文明の衝突は不可避であるかのように考えられがちです。欧米でイスラーム過激派によるテロが続くと、ますます、そのような印象が強くなることでしょう。しかし、事態を冷静に見るためには、メディアが報じる事件だけに目を奪われるのではなく、なぜ一部のムスリムは暴力や武力を使ってでも自分たちの理念を実現しようとするのかについて考えると同時に、ニュースにはならない大多数のムスリムの姿を知ることが必要です。[*12]

さて、ユダヤ教、キリスト教、イスラームという三つの一神教を文明論的な視点で見ると、いずれもが**ヘブライズム**（古代イスラエルの思想的伝統）と**ヘレニズム**（ギリシア思想）の影響を受けています。信仰の父祖アブラハムを共有するだけでなく、こうした文明レベルでの共通基盤を持っている点でも、三つの一神教は兄弟（姉妹）宗教といってよいほどの近さを持っています。

7世紀前半にアラビア半島で誕生したイスラームは、その後、シリア、エジプトまで支配領域を拡大していきます。ヘレニズムというと、現在のギリシアを考えがちですが、ヘレニズムは地中海沿岸に広く及んでおり、その中心の一つがエジプトのアレキサンドリアでした。ユークリッド、アルキメデス、プトレマイオスら、名だたる学者たちがアレキサンドリアで活躍しています。拡大と共に、イスラームはエジプトを中心とするヘレニズム世界の南半分を支配下に置き、同時に、その思想的影響を受けることになりました。特に

8世紀から9世紀にかけて、ヘレニズムの古典的著作が精力的にギリシア語からアラビア語に翻訳され、イスラーム世界においてヘレニズムの遺産が蓄積されていきます（翻訳活動を含む異文化受容の中心はバグダッドでした）。

他方、同時代のヨーロッパにおいてはヘレニズムの遺産はほぼ忘れ去られており、ヨーロッパ・キリスト教文明の中にはヘレニズム受容に関して大きな断絶の時期があります。しかし、11～12世紀、イスラーム圏に近接するイベリア半島のトレドなどを中心に、アラビア語に翻訳されていたアリストテレスらの哲学書、プトレマイオスらの科学書、ヒポクラテスらの医学書が次々にラテン語に翻訳され、ヨーロッパの各地にもたらされました。中世ヨーロッパでは、十字軍に代表されるように後々にまで大きな禍根を残す、イスラームに対する敵対姿勢も見られましたが、翻訳を通じた新たな異文化交流がなされたことも覚えておくべきでしょう。

12 内藤正典『**となりのイスラム――世界の3人に1人がイスラム教徒になる時代**』（ミシマ社、2016年）は「イスラームは怖い」という思い込みを解くために、著者の豊富な経験を踏まえながら、ムスリムの日常的な姿や、イスラーム社会の動向をわかりやすく伝えています。

リベラルアーツとビジネス

12世紀のヨーロッパにおいて、キリスト教世界における知の伝統と、イスラーム世界経由で再流入した古代ギリシアの知が交差し、宗教性と世俗性が緊張を帯びた出会いをする中で、古代ギリシアの「**リベラルアーツ**」が高等教育の基礎として再生し、学問的関心を持つ者のギルドとして**ユニヴァーシティー（大学）**が誕生することになりました。復活したリベラルアーツ（文法、修辞学、弁証術、算術、幾何学、天文学、音楽の自由7科）は、中世の大学において「上級学部」（専門教育としての神学、法学、医学）の前提として大学教育の基礎となりました。

このように、異なるものが出会うことによって生じたダイバーシティが、既存の「知」を流動化させ、再構築することになりました。学問の世界にとどまらず、ビジネスの世界においても、**ダイバーシティを背景にしたリベラルアーツ的な「知」の刺激が、長年のルーティン・ワークを根本的に見直すきっかけを与えてくれるはずです。**

ビジネスにおいて、既存のサービスや商品の質を高めることが重要なのはいうまでもありませんが、そこにはない別種のものを生み出すため（すなわちイノベーションを引き起こすため）には、今ある仕組みを対象化して見せてくれるような外部の視点が必要です。

ルネッサンス前夜において生じた「旧」と「新」、「世俗」と「宗教」の出会いや融合がもたらした効果を、現代という環境の中で再解釈し、取り込むことは可能でしょう。

突如として仕事中にインスピレーションがもたらされるわけではありません。それを生み出す日常的な素地として、**多様性へと導いてくれるリベラルアーツ的な学びは、ビジネスの領域においても有用ではないでしょうか。**

イスラームに対する偏見をいかに克服するか

このように、イスラームを仲介とするギリシア古典の再発見がなければ、ルネッサンスが起こり得たかどうかは疑わしいほどです。しかし、いったんルネッサンスが起こり、その後、ヨーロッパが科学革命や産業革命を経て、文明史的に大きな飛躍を遂げていくようになると、ルネッサンスに先立つ、イスラームとの接点、イスラームから受けた恩義に関心が及ばなくなります。それどころか、ヨーロッパ文明こそがヘレニズムの正統な継承者なのだという自画像をヨーロッパ社会は描くようになっていきます。さらに、その自画像を自賛するために、ユダヤ教やイスラームをキリスト教と比べて、「劣った」一神教として蔑むことにもなりました。ヨーロッパ列強によるイスラーム世界の植民地化も、このような歴史的背景の中で進められ、正当化されました。一神教それぞれに対する理解もさることながら、三つの一神教の「間」にどのような関係があるのか、あったのか、について知っておくことが、不必要な誤解や偏見を未然に防ぐためにも大切です。[*13]
「イスラームは怖い」というイメージや、イスラームに対する憎悪感情（イスラモフォビア）は、欧米社会はいうまでもなく、世界中に広がっています。偏見や先入観を持つことなく一人ひとりのムスリムに接するためには、やはりイスラームに関する基本的な知識があったほうがよいでしょう。日本社会ではムスリム人口が少ないので、ムスリムと実際に出会ったり、話す機会はまだ多くないかもしれません。しかし、日本に出稼ぎに来たムスリムたちの一部は母国に帰ることなく定住し、日本で新たな人生を始めようとしています。モスクの数も増えてきました。[*14]

TOPIC 8

イスラームから学ぶ②
仕事に生かすイスラームの知恵

■イスラーム金融

さて次に、私たちの日常とは異なるムスリムの行動規範から、私たちが耳を傾けるべき知恵を抽出してみたいと思います。ここでは、**イスラーム金融**とラマダーン月の**断食**を取り上げます。

13 一神教間の関係性に関心のある方は、拙著『**一神教とは何か――キリスト教、ユダヤ教、イスラームを知るために**』（平凡社新書、2018年）をご覧ください。

14 桜井啓子『**日本のムスリム社会**』（ちくま新書、2003年）は、日本に住んでいる外国人ムスリムの実情を教えてくれる良書です。

三つの一神教はいずれも利子を取ることを禁止する伝統を持っていますが、それをもっとも厳格に守っているのはイスラームです。**利子（リバー）の禁止**についてはコーランに「しかしアッラーは、商売を許し、利息（高利）を禁じておられる」（2章275節）と記されています。イスラームではビジネスや経済活動を通じて利益を得ることは認められています（預言者ムハンマドは神からの啓示を受ける前、キャラバン貿易の商人でした）。しかし、それは公正な手段によって行われなければなりません。実際に働くことなく利益を得ること（不労所得）に対する批判的な姿勢が、利子の禁止の背景にあります。つまり、直接労働を介さずに、人間が仮想的に作り上げたもの（利子）が自己増殖することをイスラームは禁じるのです。

こうした基本的な理解に基づいて、1970年代の後半以降、利子を排した金融機関として**イスラーム銀行**が設立されてきました。利子を取らずに、どうやって銀行業務が成り立つのか、と疑問に思うことでしょう。いくつかの方法があるのですが、中心になっているのは**ムダーラバ**（利益配分）契約です。預金者と銀行、銀行と借入事業主との契約に基づいて、事業の結果として利益の配分に預かります。ただし、預金者は投資に伴うリスクも負うので、損失が出た場合には損失負担をすることになります。損益の公正な配分がムダーラバ契約の特徴です。

中東から始まったイスラーム銀行は、今や世界各地に広がっており、管理する資産も着実に増加しています。シティバンクのようなアメリカ系多国籍銀行がイスラーム銀行を子会社に持つようになったり、日本の金融機関がイスラームの金融スタイルを踏襲して、中東や東南アジアに進出し始めたりしています。

アメリカの投資銀行リーマン・ブラザーズの経営破綻により国際的な金融危機を招いたリーマン・ショック（２００８年）は、まだ私たちの記憶に残っています。それ以降、投機マネーの監視が各国で強化されてきたとはいえ、人々の欲望を駆り立て、消費や投資をあおる資本主義の基本構造が変わったわけではありません。仮想通貨に代表されるように、実体を持たない経済活動は、さらに拡大していくことでしょう。リーマン・ショックの際、イスラーム金融機関は、流動性の確保と信用リスクの回避において、他の金融機関より優れており、影響も軽微にとどまりました。

働かずしてお金を増やしたい、とは誰もが願うことかもしれません。しかし、その願望が過剰なものになりがちなことをコーランは知っており、願望を焚きつける利子を禁止しているのです。その意味では、**イスラームは人間の欲望の様態を直視し、それを抑制する知恵を有しているる**といえるでしょう。

また、六信五行（１６７ページ参照）の一つ「**喜捨**」は、利子の禁止と表裏一体の関係にあります。地道に労働して得たお金であっても、それが必要以上に蓄積されれば、他者（貧者）を抑圧する力になります。蓄財するより、必要とする人に施しを与えることは、天に宝を積む行為、神への投資となります。こうした富の分かち合いの感覚が、イスラーム社会には今も息づいています。

共産主義経済が実質的に崩壊して以降、世界の経済システムは資本主義のみとなりました。資本主義を相対化できる視点を持ち得なくなった時代において、まだ規模は大きくないものの、イスラーム金融・イスラーム経済は、現行の資本主義に巣くう構造的な問題に批判的な光を当ててくれる貴重な存在だといえるのではないでしょうか。人間の欲望を極大化することに奔走する資本主義経済が、果たして人類に公正な富をもたらしているのかを冷静に考える必要があるでしょう。現在の経済システムを簡単に変更することはできないにしても、その問題を少しでも改善するための外部的な知恵をイスラームから学ぶことは可能でしょう。

ラマダーン月の断食

ラマダーン月の断食も六信五行の一つですが、お金さえ出せば、好きなときに飲み食いできる現代人の目からは、一ヶ月もの断食は奇異な行為として映るかもしれません。イスラーム暦（622年が元年）は太陰暦を用いているため、1年は354日であり、ラマダーン月が始まる季節も毎年少しずつずれていきます。真夏にラマダーン月が来たとき、日の出から日没まで一切の飲食を絶つというのは、かなり大変なことです。実際、飲食を絶つことは身体に負担をかけますので、子ども、妊婦、老人、病人などは断食を免除されています。私もムスリムの同僚（エジプト人）が真夏に断食をしているのを側で見ていたことがあります。気の毒なので「大変ですね」と言うと、「大変だけど、断食の月は楽しい」と返答され、断食の月の楽しさを朗々と話すのを興味深く聞いたことがあります。

先に、ユダヤ教の安息日は、信仰や自分たちのアイデンティティを再確認する重要な日であると説明しましたが、ラマダーン月の断食も、信仰の再確認をする期間です。普段できないような、コーランを最初から最後まで読み通すといったことを行ったり、普段以上に、慈善行為を積極的に行ったりということが、ラマダーン月にはなされます。そして、日没後には、家族や友人が集まって、ご馳走を食べます。イスラーム圏では、ラマダーン月の夜は、街中が賑わい、お祭りのような感じになります。日中は飲食を絶っていますが、日没後、たくさんの食事を食べますので、断食の期間が終わった後、体重が増えたという人が多くいます。断食ダイエットとはならないのです。

しかし、こうした苦楽を16億人もの世界中のムスリムが一斉に行うのですから、断食を通じて得られる連帯感は、並々ならぬものがあります。いつでも飲み食いのできる現代社会は、人類史的に見ても、かなり特異なものですが、それに慣れてしまうと、自分が食べ物や飲み物なしには生きることのできない、はかない存在であることすら忘れがちになります。ムスリムは断食を通じて、自分たちの命や身体が誰によって生かされ、維持されているのかを再確認しているのです。

日本のテレビ番組では食事を扱う場面が多く出てきます。それらはグルメを紹介したり、大食い競争を見せたり、基本的には「飽食」時代の豪奢な光景に満ちています。その一方で、日本の食卓の変化を表す言葉として「孤食」が近年、取り上げられてきました。家族や友人と一日を振り返り、わいわいがやがやと食事をする「祝祭的」な時間は、どんどん失われていっているようです。ムスリムと同じような断食はできないにしても、その姿を見たり、想像したりすることによって、私たちが失いつつあるものが何なのかを考える機会を得ることができるのではないでしょうか。

第4章

日本宗教のユニークさ

——宝は足元にある⁉

TOPIC 1

日本社会と宗教①

日本人の宗教意識

宝を見つけ、説明する

貴重な「宝」は、通常、私たちの日常から離れたところにあり、本章のサブタイトルのように「足元にある」ということはなさそうです。しかし、本書全体でテーマにしているのは物質的な金銀財宝ではなく、精神的な宝です。そのようなものがどこにあるのかを考えてみましょう。

聖書の中には「畑の中の宝」と呼ばれる、イエスによる次のようなたとえ話があります。「天の国は次のようにたとえられる。畑に宝が隠されている。見つけた人は、そのまま隠しておき、喜びながら帰り、持ち物をすっかり売り払って、その畑を買う」(「マタイによる福音書」13章44節)。ここでは、身近なところで宝を発見したことの喜びが、天の国にたとえられています。本章でも、私たちの日常の中に隠されている宝を見つけていければと思います。精神的な伝統は、建築物や芸術など見える形で示されている場合もあれば、見えない形で潜んでいる場合もあります。本章では、日本の精神的伝統を担ってきた神道と仏教に着目します。

神道も仏教も長い歴史の中で、日本の文化や生活に幅広い影響を与えてきました。その伝統は日常に溶け込んでいる部分も多いので、それをあらためて意識したり、対象化したりすることは意外と難しいものです。友人や客人の観光案内のために神社仏閣を訪ねたとしても、「このお寺は〇〇寺といって、〇〇年に〇〇という人物が作ったんですよ」といった表面的な説明では、案内された人はおもしろくないでしょう。だからといって、神道や仏教の膨大な知識を一から学ぶ必要があるわけではありません。すでに知っていたり、経験していることを少し整理するだけでも、対象をより魅力的に説明できるようになるはずです。

私も神道や仏教の専門家ではありません。しかし、長年、関心を持って神道や仏教に触れ、そこに秘められた「宝」に魅了されてきました。ここでは、日本宗教を網羅的・体系的に論じるのが目的ではなく、むしろ、どのような角度から見れば、その宝に近づくことができるのか、手がかりを示したいと思います。

人生儀礼と宗教

人の誕生から死に至るまで、「**人生儀礼**」といわれる節目があります。誕生を祝い、成人式、結婚式、そして葬式を行うのは、古今東西を問わず、ほとんどの人間社会に共通しています。生と死という始点と終点を持つ人生を、さらに分節化して、その区切りを共同体として祝ったり、弔ったりする感覚は人間に特有のものです。

もちろん、その一つひとつの儀礼は、地域や時代による違いがあります。たとえば、成人式と一口にいっても、日本で一般的にイメージされる成人式とは異なるものがたくさんあります。たとえば、一定期間、集落から隔離されたり、刺青のような身体の改変を施されたり、方法は様々ですが、共通しているのは、子どもから大人への変わり目を共同体として確認するということです。こうした儀式は**イニシエーション**（**通過儀礼**）とも呼ばれ、「今までは子どもだったけれども、今日からはあなたを一人前の大人として扱う」というメッセージを与え、子どもと大人の境界線を自覚させます。

日本でも、奈良時代以降、「**元服**」と呼ばれる通過儀礼がありました。11歳から17歳の間に行われたといわれていますが、髪形や服装を改め、初めて冠をつける儀式です。身分によって、方法の違いはありましたが、いずれにしても、大人になることの境界線を明示し、その自覚を促す儀式であるといってよいでしょう。今日の成人式も、こうした精神を引き継いでいますが、子どもと大人の境界線が不明瞭になりつつあるのが、現代社会の特徴かもしれません。生物学的には誰もが等しく年を取っていきます。しかし、大人になり切れない、つまり、一人前の成人として自立しているとは言い難い「大きな子ども」が、会社や大学などにも少なからずいるのではないでしょうか。元服のような通過儀礼を失った社会で大人になるのは、意外と難しいことなのかもしれません。

「宗教」を使い分ける日本

成人式、結婚式、葬式は、それぞれが大事な役割を持っています。こうした人生儀礼の重要性を長期間にわたって支えてきたのが、共同体の儀礼的・信仰的伝統です。多くの社会では、人生儀礼には固有の宗教伝統と結びついた一貫性があります。しかし、日本の場合、必ずしも一貫性がない点に特徴があります。

現在の成人式は通常、宗教色は希薄です。しかし、子どもの成長の節目を祝う七五三は神社でなされています。ちなみに、地域によっては七五三を行わなかったり、七五三の代わりに寺院が主催して稚児《ちご》行列を行ったりする場合もあります。

一方、結婚式について見てみると、6割近い挙式がキリスト教式で行われています。日本のクリスチャン人口が1％未満であることを考えれば、6割という比率は驚異的といえるでしょう。つまり、信仰的選択としてキリスト教式結婚式を選んでいるのではなく、ウェディングドレスに身を包んだ新婦がエスコートする者（多くの場合、父親）と共に入場し、新郎が新婦を迎え、式の中で誓いの言葉を交わすという、あのスタイルが好まれているに過ぎません。今では、ほとんどの結婚式場やホテルで、キリスト教式結婚式のプランが用意されており、立派な結婚式用チャペルを備えたホテルも少なくありません。結婚式は、今や大きなビジネス（ブライダル産業）の一部に組み込まれているといえます。キリスト教式以外では、神社で行う神前結婚式、お寺で行う仏前結婚式がありますが、いずれも普及したのは明治期以降です。また、宗教色を排した人前結婚式もあります。

葬式に関しては、圧倒的多数が仏教式で行われています。仏教と葬式の結びつきは強く、ときに「葬式仏教」などと揶揄《やゆ》されることがありますが、それは死者を任せることができるほど、日本では仏教が信頼を得てきた証拠でもあります。

このように日本では数々の人生儀礼の中で、宗教色が薄かったり、キリスト教的であったり、仏教的であったりすることを使い分けているのは、決しておかしなことではありません。**日本の場合、特定の宗教が人生儀礼に一貫性を与えることはなく、むしろ、人々は人生の様々なシーンにおいて、それにふさわしい宗教を使い分けています。**宗教に厳格な人から見れば、こうした日本的特性は無節操と映るかもしれませんが、宗教の違いに過度にこだわらない柔軟性・寛容性があると考えることも可能でしょう。

●「宗教」という言葉が生まれた背景

さて、これまで宗教という言葉を使いながら、日本人の宗教に対する態度を描写してきましたが、そもそも「宗教」という語が、欧米語の“religion”の訳語として定着するのは明治になってからです。

西洋から輸入された“religion”という言葉は、キリスト教を前提とした概念でした。言い換えれば、「宗教」一般を語る際のスタンダード・モデルとしてキリスト教が存在していたといえます。“religion”の概念は、欧米人やキリスト教の宣教師たちの間で広く共有されていましたが、当時の日本の知識人たちの「宗教」理解にも影響を及ぼしました。「宗教」の他、「仏教」や「神道」という言葉も、現在と同じような意味で広まっていったのは明治期以降です。それ以前にも「宗教」という言葉はありましたが、それは仏教の各宗派の教えという意味で使われており、現在のように、それぞれの宗教を超えた包括的な概念、すなわち、欧米語の"religion"に対応する言葉として使われてはいませんでした。

また、近代日本における宗教のイメージは、主として仏教とキリスト教の間の論争を通じて形作られていきました。その経緯の中で、神道は「宗教」ではないとされ（**神社非宗教論**）、国家神道が宗教を超えた秩序として位置づけられていきました。このことを振り返るなら、「宗教」という言葉は、日本社会にとって新奇な近代的概念であっただけでなく、それとの格闘を通じて、西洋に対抗できるナショナル・アイデンティティを模索した重要概念であったことがわかります。こうした歴史的背景も踏まえながら、西欧的な考え方に必ずしも収斂《しゅうれん》されない「宗教」の多義性や幅広さに触れていくために、次に日本人の死生観、特にその変遷の歴史をたどってみましょう。

TOPIC 2

日本社会と宗教②
日本人の死生観

死者に対する思い

身近な人を失う心の痛みや、人格が死後も消滅することなく受け継がれるという認識は、「人生儀礼」と同様に、人類にとって普遍的な感覚でした。もちろん、こうした伝統的な感覚は近代以降、急速に変容したり、失われたりしてきましたが、人類史の長きにわたって、死者の行く末に思いをはせることは日常の一部となっていました。言い換えれば、死者やカミなど見えない存在との対話から、今を生きるための知恵を汲み取っていたのです。こうした感覚を早急に「非科学的」として捨て去るのは、あまりにもったいないでしょう。すでにこの世にはいない死者との対話を通じて、今、この世にいる生者の生き様を相対化したり、俯瞰したりすることができるからです。

死者を弔う方法は地域や時代によって千差万別です。日本列島に限定しても、葬送儀礼と墓制（墓のつくり）は時代に応じて激変しています。私たちがお盆やお彼岸のときになどに墓参りする際、宗派や地域によって多少の差があるとはいえ、故人や家の名前が刻まれた石のお墓が整然と並んでいる墓地を目にするのが一般的です。しかし、このような故人の名を記した墓標が並ぶ墓の風景は江戸時代以降のものであって、それ以前は、まったく違う墓制が存在していました。また、現在のように大衆の墓参が一般化するのも江戸時代半ば以降のことです。

まずは、死者供養の歴史的変遷を概観してみましょう。[*15] 概観するだけでも、現在の供養の仕方を必ずしも絶対視する必要のないことがわかると同時に、現代人が失いつつある感覚が何かを、対象化することができるはずです。

死者供養の変遷

歴史的にたどることのできる日本で最古の墓のあり方は、縄文時代初期のものです。その時代、中心の広場を取り囲むように住居が作られていましたが、その広場の中心に墓地がありました。縄文人は死者と生活空間を共有していたということです。しかし、縄文時代後期になると、墓地は集落の外部に設けられるようになり、生者の世界と死者の世界の分離が始まります。弥生時代になると、身分の違いを反映して、異なる規模の墓が作られるようになりました。3世紀から6世紀の古墳時代においては、前方後円墳に代表される巨大墓地も出現しました。

ところが、6世紀を境に巨大墓地は作られなくなり、平安時代には、天皇など特別な人を除いて、いったん墓は消滅します。その後、11世紀から16世紀の中世において、再度、墓地が作られるようになり、東日本であれば板碑《いたび》、西日本では五輪塔が死者供養のための石塔として建てられました。

ただし、中世の墓地では死者の名前を記すことはありませんでした。死者は匿名の存在であり、その背景には、死者の霊魂が墓に留まっているのは望ましくないという死生観があったと考えられます。浄土信仰が盛んであった中世においては、板碑などの墓標は、死者の霊を留めておく場所ではなく、浄土へと送り出すための通過装置と考えられていました。また、中世には高野山などの霊場に足を運び、そこに遺骨を納めることによって、霊

15 死者供養に関する以下の叙述は、佐藤弘夫『**死者の花嫁——葬送と追想の列島史**』(幻戯書房、2015年)に依拠しています。

魂が彼岸に旅立っていくだけでなく、生者もまた死後の浄土往生が約束されると考えられていました。

こうした中世の墓の考え方が、近世になると一転します。近世は墓に霊魂が定着する時代です。特に、江戸時代後半、イエ意識が強まる中で、記憶されるべき先祖が急速に増えます。先祖の名前を墓標に刻むという現代のスタイルに近いものが、この時期に普及してきます。

江戸時代は、社会の安定の中で、世俗化が進んだ時代でもありました。そして興味深いことに、宗教が生活の圧倒的な中心を占めていた古代・中世ではなく、むしろ世俗化の進んだ近世において、幽霊譚《たん》や怪談が急増します。江戸時代において始まった生者と死者の新たな関係、つまり、死者の霊魂が墓にありこの世に留まるという考え方は、両者の契約に基づいています。すなわち、生者は死者に居心地の良い場所を提供し、礼を尽くす代わりに、死者はいたずらに生者の世界に越境してこないという約束です。

ところが、江戸時代は江戸、大阪、京都の三都を中心に都市への人口集中が進むと同時に、陰湿な犯罪も増加しました。地方から出てきて、都市部に身内がいないため供養を受けられない死者も多数発生しました。様々な形で、この世に恨みや未練を残して死んだ死者が、死者に対して礼を尽くすという生者の契約不履行を理由に、一気に生者の世界へと越境してきたのが江戸時代であったのです。さらに、江戸時代に大量発生した妖怪譚や怪談が、現代日本における「ゲゲゲの鬼太郎」や「妖怪ウォッチ」などの妖怪ブームのルーツになっているわけです。そう考えると、妖怪や幽霊もまた、現代ビジネスに対する貢献者といえるかもしれません。

現代の死生観

以上からわかることの一つは、生者のそばで見守ってくれている「身近な先祖」という一般に流布しているイメージは、せいぜい300年ほどの歴史しか持っていないということです。墓制や死者儀礼が、それぞれの時代の世界観や死生観の影響を受けて、劇的に変化してきたように、現代社会において、さらに変わっていくことは十分に予想されますし、実際にその変化はすでに始まっています。

現代の特徴を一言でいえば、死者が墓地から離脱しつつあるということです。もちろん、現在でも、墓地は重要な役割を果たしています。しかし同時に、自然葬（パウダー状にした遺骨を山や海に散布）、樹木葬（遺骨を埋めて植樹）、手元供養（遺骨を納骨容器やペンダントなどに納めて自宅で供養）に典型的に見られるように、墓に縛られることのない葬送や供養が広がりつつあります。

このように葬送や供養の自由度が拡大している背景には、従来の家制度が大きく変容しているという事情があります。先祖代々継承されてきた「家」に帰属するという意識が薄れてきた結果、故人を「家」の墓に葬るより、「私」の手元に置いておきたいという、よりパーソナルな思いが強くなってきたといえます。こうした傾向は、伝統的秩序より個人の価値観を尊ぶ現代社会にふさわしいものだといえる一方、「家」を中心とした共同体意識が急速に崩れつつある状況を示しています。お盆やお彼岸などにお墓参りをすることによって、普段、バラバラに過ごしている親戚や家族が一堂に会し、人間関係や家族共同体が維持されてきました。このような伝統が大きく形を変えようとしている過渡期に私たちは立っています。

人生儀礼の一つである結婚がブライダル産業に組み込まれているのと同様、今や葬儀もまた、ビジネスの一部に組み込まれています。２００９年に、イオンが葬儀サービスを開始したとき、賛否両論がありましたが、今では大きな抵抗なく受け入れられているといえます。葬儀料金の明朗化が「イオンのお葬式」の最大の目玉ですが、それが消費者にも好意的に理解されてきたということでしょう。宗教的伝統の中にあった葬儀が、今や資本主義的なサービスの中に位置づけられつつあります。

今後、日本社会が本格的な少子高齢化に向かうとき、結婚ビジネス以上に葬儀ビジネスが活況を呈することは十分に考えられます。消費者が何を望んでいるかに応える、気の利いた葬儀サービスが今後も続々と出てくることでしょう。それだけにコストパフォーマンスや手軽さだけに振り回されることのない視点（死生観）を持っておくことが大切です。

もっとも、漠然と思いをめぐらすだけで自分の死生観ができるわけではありません。他の人がどのような死生観を持っていたのかを参考にすることは自分の考えを深めるきっかけになるでしょう。[*16] 死生観は時代と共に変化してきました。しかし、いつの時代の生者も、死者（かつての生者）との関係から、生きることの作法を学んできました。**資本主義的な効用や消費者としての満足度に還元し切ることのできない「何か」を意識することは、現代においても意味のあることであるはずです。**

16 島薗進『**日本人の死生観を読む——明治武士道から「おくりびと」へ**』（朝日選書、2012年）は、近代以降の日本人が書き記した作品から、多様な死生観の輪郭を描き出そうとするユニークな本であり、考える素材をたくさん提供してくれます。

●宗教リテラシーの必要性

本章の冒頭で述べた（186ページ参照）、私たちの足元にある「宝」に気づくためには、宗教に関する最低限の知識、宗教リテラシーが必要です。また、同時に宗教リテラシーは、足元にある「危険」を察知するためにも必要です。死生観を持つことは大切ですが、あの世や死後生を引き合いに出して忍び寄り、人の不安や弱みにつけ込んで、モノを買わせたり、高額の献金を求めたりするような宗教団体が存在していることも知っておくべきです。

「不安産業」「霊感商法」と呼ばれる一種の宗教ビジネスは、これまでも繰り返し、大きな社会問題として注目を集めてきました。それに加え、オウム真理教による地下鉄サリン事件（1995年）やアメリカ同時多発テロ事件（2001年）などの影響から、日本社会では一般的に宗教は「危ない」という認識が広く見受けられます。

あるものを「危ない」と感じることのできる能力は、人が生きる上で欠かせません。しかし、宗教リテラシーがなければ、健全な宗教と、うさん臭い宗教を見分けるセンサーが働きません。実際、健全な宗教と「カルト宗教」を明確に線引きすることは専門家でも難しいことです。

しかし、学問的・歴史的に宗教を見る視点が身についていれば、個別の宗教についての特別な知識を持っていなくても、「うさん臭さ」を嗅ぎ取ることは可能です。宗教リテラシーがなかったために、カルト宗教の犠牲となってしまった人は少なくありません。こうした被害を未然に防ぐためにも宗教リテラシーは必要ですが、**「危険」察知だけでなく、「宝」を察知するためにも宗教リテラシーは役に立ちます。**その点を踏まえ、次に、神道と仏教を中心に日本宗教の特徴を見ていきましょう。[*17]

17　日本宗教史をコンパクトに学ぶことができるものとして、末木文美士『**日本宗教史**』（岩波新書、２００６年）があります。

TOPIC 3

神道を知る①

神道の特徴

外国人に神道をどう伝えればよいのか

神道の場合「その教えを学ぶ」というより、「その伝統を体で感じる」という言い方がぴったりします。神道には、聖書のような聖典に対応するものはありませんし、また、体系的な教義もありません。開祖もいません。日本には約8万社の神社がありますが、**まず、身近な神社を訪ね、ときに祭りに参加することによって、伝統として引き継がれてきたものを感じるのが神道を知る最初の一歩となるでしょう。**もちろん、日本史の中で長い伝統を持つ神道を学問的に学ぶことも可能です。[*18]

海外から日本にやって来る観光客の多くは、日本固有の宗教施設である神社を訪ねます。そうした来客に、ごく簡潔に神道や神社のことを説明するような機会も、今後、増えてくるに違いありません。このような目的のために一番お薦めできるのは、神社本庁のトップページから無料でダウンロードできる冊子*Soul of Japan: An Introduction of Shinto and Ise Jingu*です。これは2013年の第62回伊勢神宮式年遷宮《しきねんせんぐう》の広報活動の一環として、多数の来場が予想された外国人観光客向けに書かれた英文の冊子です。神道に固有の用語や考え方には即座に英語にするのが難しいものが多いので、重要キーワードが網羅的に英語で説明されているこの冊子は役立ちます。また、煩雑な説明を避け、もっとも大切な事柄に説明が絞り込まれていますので、外国人だけではなく、日本人にとっても十分役立つ内容になっています。[*19] *Soul of Japan*は、もともと伊勢神宮の式年遷宮(20年に一度、社殿

18 阪本是丸、石井研士編『**プレステップ 神道学**』(弘文堂、2011年)は、たくさんの図版や写真を用い、入門書的な体裁を取っていますが、神道の古典、歴史、祭りについて、かなり本格的な学びをすることができる一書です。また、井上順孝『**神道入門——日本人にとって神とは何か**』(平凡社新書、2006年)は、入門書としては少し難易度が高いかもしれませんが、他の宗教との比較を随所に織り交ぜながら、宗教学の見地から神道を解説する良書です。

19 英語が苦手という人には、合わせて、神社本庁編『**英語で伝える日本のこころ Basic Guide —— SOUL of JAPAN 公式ガイドブック**』(神社本庁、2016年)をお薦めします。語句や文法の説明もあり、オリジナルの英文の訳出もされています。随所にあるコラムも秀逸です。

を造り替えること)のために記されたものなので、冊子の後半は、伊勢神宮の説明が中心になっています。しかし、伊勢神宮の正式名称が単に「神宮」であることからもわかるように、もっとも由緒ある神宮の基本（建築物や祭りなど）を知ることは、他の神社を理解する上でも大いに役に立ちます。

この冊子がいかに簡潔でわかりやすい説明をしているか、冊子の日本語訳が掲載されている『英語で伝える日本のこころ Basic Guide』（前ページ脚注19参照）から、「神道とは」という項目の一例を見てみましょう。

〝神道の信仰を持つということは、祖先を家族の守り神として祀るということを意味します。また、自然の中に存在する数多くの神を敬うことでもあります。山の神、海の神をはじめ、私たちの周りすべてのものや人に神が宿ります。神を信仰する場所はどこでも構いませんが、多くの人々は神社を訪ねて祈ります。そこでは身を清めるため、入り口で手を洗い、口を漱《すす》ぎます。〟（同書11ページ）

神道に関するエッセンス（祖先崇拝、神への敬意、心身を清める）が、この短い文章の中で端的に表現されています。このような神道の基本をしっかりと理解しておけば、外国人にも自信を持って神道のことを説明できるでしょう。

もちろん、外国人が神道や神社に対して持つ関心のポイントが、日本人と異なることは大いにあり得ます。一例を挙げてみましょう。

京都を訪れる外国人観光客は年々増えていますが、一番の人気スポットは伏見稲荷大社です。真っ赤な鳥居が所狭しと立ち並ぶ「千本鳥居」は誰が見ても圧倒される光景ですが、多くの外国人を引き寄せる理由の一つは、稲荷山全体を神域とする広大な伏見稲荷大社の参詣のルートが、山登りのトレッキング・ルートを兼ねていることです。頂上まで行って戻ってくれれば2時間はかかるでしょう。その途中で京都市内を一望することのできる場所がいくつもあります。

私の経験からいっても、近年では、頂上を目指す参詣者の半分以上を外国人観光客が占めています。無数の鳥居を通過し、所々で、神(稲荷神)の使いとされるキツネを目にしながら、自然の中を闊歩できることが、多くの外国人観光客にとって大きな魅力となっています。

さて、神社は日本の観光産業の中核を担っているだけでなく、近年、政治の世界にも影響を及ぼし始めています。「神道政治連盟」や「日本会議」といった名前を目にしたことがあるかもしれません。神道は日本の伝統を大切にしますので、その視点から政治にアプローチしようとする人も少なからずいます(改憲運動はその一つです)。[*20]

浄と不浄の区別

それでは、神道の特徴を概観していきましょう。最初の特徴として挙げられるのは、浄と不浄の区別です。もちろん、浄と不浄の区別は他の宗教にも多かれ少なかれ見られるものですが、神道の場合、建築物から各種の儀礼に至るまで、この区別が一貫して重視されている点が特徴的です。

浄と不浄の区別は神社の基本構造にも表れています。神社に行くと最初に目にするのが**鳥居**です。鳥居は俗なる世界と聖なる世界、不浄と浄を切り分けるものです。つまり、鳥居をくぐることによって、清い領域に足を踏み入れているという自覚を促されることになります。いうまでもなく、鳥居は門の役割をしていますが、扉はついていません。したがって、神社は扉を閉められることなく、24時間オープンとなっており、これも他の宗教施設と異なるユニークな点です。ちなみに、仏教寺院も本来は24時間オープンですが、拝観料を取るなど経営的な側面が出てきてから、夕方になると門を閉じるようになりました。

さて、鳥居をくぐると**手水舎**《ちょうずや》があります。手水は清めの儀式の一つで、本殿に向かう前に手水舎で手と口を洗って清めます。これは、ムスリムが礼拝の前に手足等を水で清めることに似ています。

拝殿では、神に祈る際に**二拝二拍手一拝**をします。江戸時代までは拝殿での作法は神社や流派によって違いがありましたが、明治時代に現在の参拝作法に整えられました（現代でも、出雲大社や宇佐神宮の四拍手のように独自の作法を持つ神社はあります）。通常、拝殿に隣接する形で**本殿**があります。しかし、神が祀られている本殿に人は入ることができないので拝殿で祈るのです。古い伝統を持つ大神《おおみわ》神社（奈良県）のように、山そのものが御神体となっている場合には、本殿がなく拝殿だけとなっています。反対に、伊勢神宮や春日大社のように拝殿はなく、本殿だけというものもあります。また、大きな神社には、本殿や拝殿以外に小さな祠《ほこら》を見ることがあります。これは**摂社**《せっしゃ》あるいは**末社**《まっしゃ》と呼ばれ、小さいながらもきちんと神を祭っています。摂社と末社に厳密な違いはありませんが、サイズが大きめなのが摂社といってよいでしょう。

20　こうした事柄に関心のある方は、小林正弥『**神社と政治**』（角川新書、２０１６年）を読まれると、過去から現在に至る神道界と政治の関係の大きな見取り図を得ることができるでしょう。著者は政治学者ですが、それゆえに、神社と政治の関係をバランスの取れた形で分析しています。改憲問題や原発問題に踏み込んだ、神社関係者との巻末対談も読み応えがあります。

神社の境内

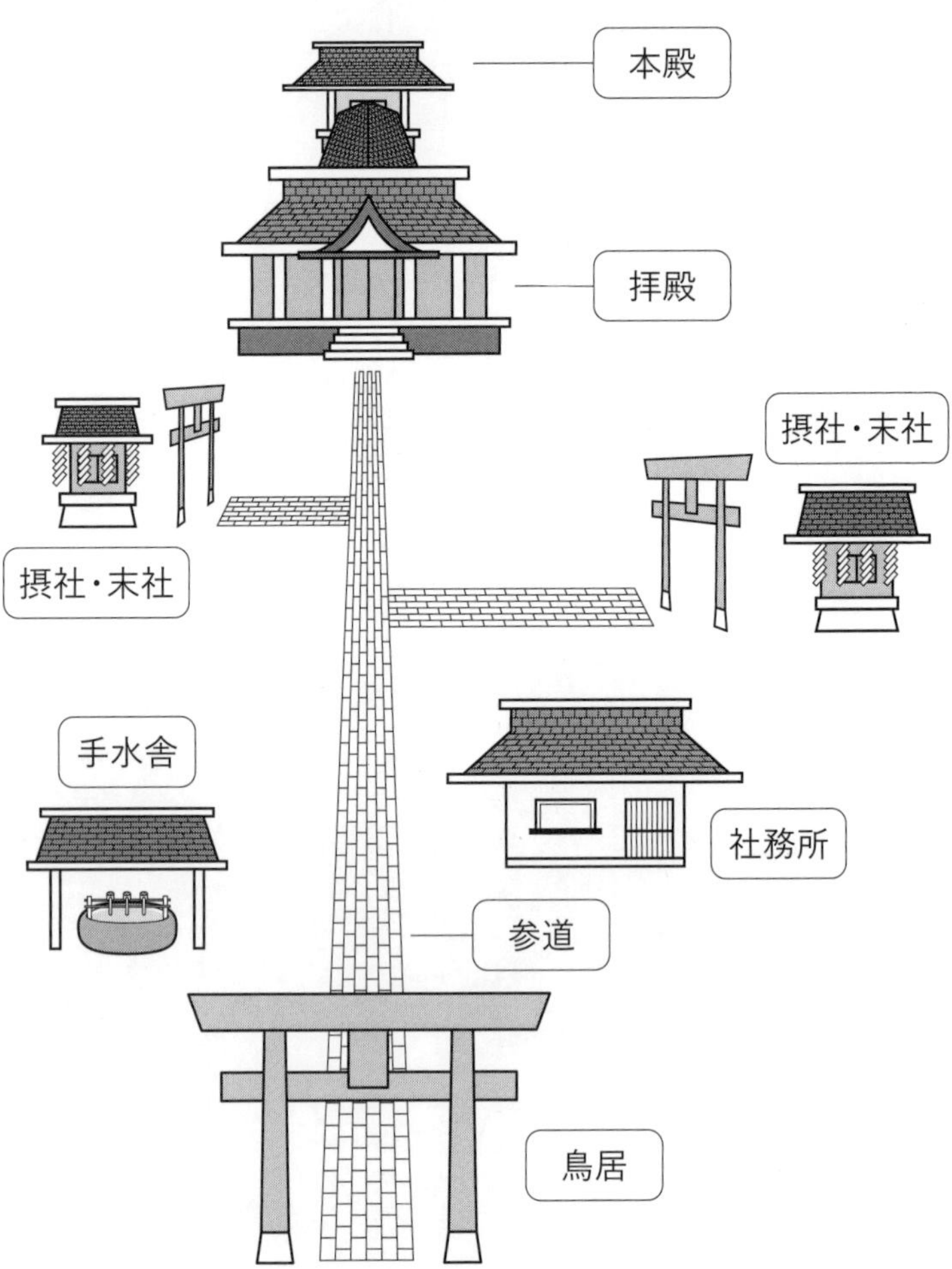

伝統儀礼の重視

神道は伝統儀礼を大切にし、それを長い年月をかけて継承してきました。キリスト教のような教義を神道は持ちません。その伝統は言葉（教義）ではなく、主として行動や習慣、儀礼を通じて伝えられてきました。

先に触れたような、神社における日常的な清めの作法の他、神道の伝統にとって大事なのは、年間を通じた様々な祭りです。地域の風習や神社の由来などによって、祭りの種類は多種多様ですが、ほとんどの神社で共通して行われているのは、春の**祈年祭**《きねん》と秋の**新嘗祭**《にいなめ》です。毎年2月頃には、その年の五穀豊穣を祈る祈年祭が行われ、11月にはその年の収穫を神々に感謝する新嘗祭が行われます。こうした祭りが神道の中心になっていることからも、神道の伝統が日本の農耕文化、特に稲作文化と密接な関係にあることがわかります。

さらに長い年月をサイクルとして行われる伝統儀礼もあります。それが**式年遷宮**《しきねんせんぐう》です。式年遷宮は、常に瑞々しくあることを尊ぶ「**常若**《とこわか》」の思想を反映した伝統であるといえます。社殿を造り替える式年遷宮は、20年に一度行う伊勢神宮のものが一番有名ですが、方法や年数（式年）が異なる式年遷宮もあります。出雲大社では60年に一度、京都の上賀茂《かみがも》神社や下鴨《しもがも》神社では21年に一度、式年遷宮が行われます。この年数の違いは、技術の継承にふさわしい期間や、建物の耐用年数の地域差などが影響していると考えられます。

いずれにせよ、社殿は木造であり、教会などのように石やコンクリートを使うことはありません。コンクリートや金属などの人工物を作って作られた頑丈な建物と比べれば、木造建築物の耐用年数は確かに短く、一定期間で造り替えることが求められます。伊勢神宮の場合、戦国時代に一時的に中断した時期があるとはいえ、式年遷宮が1300年以上も継続してきたことは驚きです。そして、驚きであると同時に、日本の風土に即した知恵――和風サステナビリティ（持続可能性）とでも呼びたくなる知恵――をそこに感じることができます。

式年遷宮には膨大な資材・労力と高度な技術力が求められます。それを長年にわたって管理・継承していくことは決して容易ではありません。**自然を畏怖しつつ、自然の中で調和的に生きようとする神道の伝統が担ってきた「持続」力は、「成長」至上主義の現代社会の中で、かえって斬新さを感じさせます。**経済成長しなければ不安になり、消費欲を駆り立てては自然破壊を繰り返す現代文明と、尊いものを自然の移ろいの中で、世代を超えて継承させていこうとする神道の伝統と、どちらが持続可能な社会にとって賢明な道なのか、思案する価値はあるでしょう。成長至上主義のビジネスモデルか、持続可能性を重視したビジネスモデルか、といった選択についても、神道を通じて考えを深めることができるかもしれません。

地域との一体性

長い年月、人々の生活の中で受け入れられてきた宗教は、いずれも地域に根ざした関係を持っています。しかし、神道は他の宗教と比べても、特に地域との一体性が高いといえます。神社は、初詣や夏祭りなどの機会に地域の人々が出かける場としてだけでなく、日常においてもローカル・コミュニティの中心としての役割を長年担ってきました。もちろん、明治期において神仏分離が政府主導で進められる以前は、神道と仏教が互いに入り込んだ**神仏習合**が日本の宗教風景でした。したがって、神道が仏教の影響を受け、その輪郭を形成してきたことはいうまでもありません。また、儒教など大陸文化の影響も受け、時代とともに神社もまた変化してきました。その意味では、神道が日本的な独自性を持った宗教であるにしても、古代社会から日本文化の「変わらぬ基底」として存在してきたと言い切ってしまうと、変化の側面を見過ごすことになってしまうので、注意が必要です。

とはいえ、日本社会の中で神社が、人々の日常生活にきわめて近い存在であったことは間違いありません。神社の場合、そこに連なる者、信者のことを「**氏子**《うじこ》」と呼びます。通常、氏子は神社がある地域に住んでいる人々を指し、それ以外の信者は「**崇敬者**《すうけいしゃ》」と呼ばれます。神社の側から見れば、その地域に住んでいる人々は自動的に氏子となります。キリスト教の場合には、信者になるために聖書や基本的な教えを学び、洗礼を受ける必要があります。一方、神社では、キリスト教のような個人の意思表示、信仰的決断は重要ではなく、その土地に住んでいるだけで氏子と見なされます。このように、それぞれの宗教におけるメンバーシップの考え方に大きな違いがあることがわかります。

土地との結びつきの重要性を示す行事として**地鎮祭**《じちんさい》があります。田舎に限らず、大都会においても、新しい建物を建てるための土木工事を始める前に地鎮祭を行うことは今も一般的です。地鎮祭は、その土地の神を鎮め、土地を利用させてもらうことの許しを得る儀式です。別の言い方をすれば、地鎮祭を行わずに、勝手に土地を使うことが、神の怒りを招くという畏れの感覚が今も息づいているということです。

多神教としての神道

神道の特徴として最後に挙げておきたいのは、「多神教」であるということです。神を

「一」として理解するか、「多」として理解するかは、単に神の数の問題（量的な差）ではなく、世界観や人間観にも影響を及ぼす質的な差として現れること、そして同時に、多神教であっても一神教であっても、「一」と「多」を関係づけることに関心を持ってきたことを第2章で述べました（62ページ参照）。それを踏まえた上で、多神教としての神道の神理解を概観します。

最初に、神道の神を考える上で、これまで繰り返し参照されてきた、本居宣長《もとおりのりなが》の『古事記伝』の中にある神の定義を取り上げてみましょう。江戸時代後期に記された『古事記伝』は『古事記』の注釈書です。最初の本格的な文献学的古事記研究として、後世に大きな影響を与えました。『古事記伝』では、短い説明文の中で、神がどのような存在であるかが網羅的に記されています。

次のページに挙げた『古事記伝』の文章の末尾にある箇所を見ていくと、神は「其余何にまれ、尋世《よのつね》ならずすぐれたる徳《こと》のありて、可畏《かしこ》き物を迦微《かみ》とは云なり」として理解されています。わかりやすくいうと、日常にはない、ハッとさせられる（畏怖させられる）ものがあれば、それは神なのだということです。

その具体例を宣長は四つのカテゴリーによって示しています。一番目は、8世紀初頭に記された『古事記』や『日本書紀』といった「記紀《きき》神話」に名前が記されている神々（古

本居宣長による神の定義

「凡て迦微《かみ》とは、古御典等《いにしえのふみども》に見えたる天地の諸《もろもろ》の神たちを始めて、其を祀れる社に坐御霊《みたま》をも申し、又人はさらにも云ず、鳥獣木草のたぐひ海山など、其余何にまれ、尋常《よのつね》ならずすぐれたる徳《こと》のありて、可畏《かしこ》き物を迦微とは云なり」

（『古事記伝』三ノ巻）

御典等に見えたる天地の諸の神たち）です。二番目は、地域の神社で祀られている神々（其を祀れる社に坐御霊）、そして三番目は人間（人）で、四番目は動植物や自然物（鳥獣木草のたぐひ海山など）です。

神道では、全国の天満宮に祀られている菅原道真《すがわらのみちざね》や東照宮に祀られている徳川家康のように、その時代において畏怖の念を持って崇敬された人間も神として祀られることがあります。しかし、人間一般を自然に対して上位に置く傾向の強い一神教の伝統とは異なり、神道では必ずしも人間に超越的な位置づけを与えていません。このような考え方は、自然物も神とされ、人間は自然の一部であるという神道の自然観・人間観を反映しています。

近年、自然との調和や自然との共生といったことが語られるようになってきました。神道の伝統は、確かにこうした考え方に近いといえますが、命を育む自然が同時に、津波や干魃《かんばつ》などのように、猛威を振るって人間の命や生活に甚大な被害をもたらすことも知っています。ときに荒れ狂う自然の力を鎮めるためにも、神恩を願う祭りは神道にとって大事な伝統の一部を占めてきました。

宣長が示した神の定義は、現在、各神社で祀られている神々を理解する上でも有用です。すべての神社に**祭神**《さいじん》が存在します。通常、神社は複数の祭神を祀っていますが、その中でも中心的な神を**主祭神**と呼びます。神社を訪ねたときには、その由来とともに、祭神や主祭神が誰かを確認するのは大事です。いくつか例を挙げてみましょう。

様々な祭神

伊勢神宮の主祭神は、天照大御神《あまてらすおおみかみ》（内宮）と豊受大御神《とようけのおおみかみ》（外宮）です。天照大御神は『古事記』『日本書紀』に出てくる神で、神道の伝統では、皇室の祖神で、日本国民の総氏神とされています。神道は多神教であると述べましたが、「八百万《やおよろず》の神々」の中でも中心的な役割を果たしてきたのが、天照大御神であるといってよいでしょう。豊受大御神は衣

稲穂をくわえる伏見稲荷大社の狐

食住、産業の守り神として崇敬されてきました。

京都にある伏見稲荷大社の主祭神は、五穀豊穣を司る宇迦之御魂大神《うかのみたまのおおかみ》です。この主祭神の他、四柱（神は「柱」として数えられます）の神が祀られており、合わせて五柱の祭神は稲荷大神の神徳の神名化とされています。つまり、それぞれが、商売繁盛、産業興隆、家内安全、交通安全、芸能上達といった神徳（ご利益）をもたらす守護神とされています。

また、伏見稲荷大社は、稲荷神を祀る全国約3万社の稲荷神社の総本宮とされています。多くの稲荷神社が全国津々浦々にありますが、狐《きつね》の存在によって、稲荷神社はすぐにそれとわかります。狐といっても、稲荷神社の狐は野山にいるキツネとは別物で、本来見えない存在（白狐《びゃっこ》）であり、稲荷大神の使い（**神使**《しんし》）とされています。

伏見稲荷大社を訪れると、鳥居の前の黒光りした立派な狐が最初に目を引きます（前ページ写真）。あるとき、その狐の前で子どもがお父さんに「狐が口にくわえているのは何?」と聞いていました。お父さんは誇らしげに「油揚げ。狐の好物は油揚げ」と答えていました。確かに、油揚げのようにも見えます。また、「きつねうどん」から連想して、油揚げと考えるのも、見当違いの推理とはいえません。しかし、この狐の口にあるのは油揚げではなく、稲穂です。稲荷神が五穀豊穣を司る神であることがわかっていれば、その使いである狐がくわえているものが稲穂であると知っても納得できるのではないでしょうか。鳥居をくぐると、鍵、玉、巻物をくわえている狐を見ることもできます。このように神道では、神と動物は深い関係にあります。狐のように神使の場合もあれば、動物自体が神とされることもあります。[*21]

同じく京都にある北野天満宮は、今でこそ合格祈願などでたくさんの人が来ますが、もともとは、菅原道真の怒りを鎮めるためにつくられたものです。したがって、北野天満宮

21 神道に関係する動物は多数いますが、それらの動物や祀られた神社を網羅的に紹介した、戸部民夫『**神様になった動物たち——47種類の動物神とまつられた神社がよくわかる本**』（だいわ文庫、2013年）は、神社と動物に関心のある人の好奇心を満たしてくれる本です。

の主祭神は菅原道真です。福岡県の太宰府天満宮と共に天神信仰の中心となっています。菅原道真が神として祀られていることから、特別な力を持った人間は神になり得るということが、ここからもわかります。北野天満宮でも太宰府天満宮でも、あちこちで臥牛《がぎゅう》（膝を折って伏している牛）を見ることができます。道真と牛にまつわる伝承は数多くあり、どれが真実なのかははっきりしませんが、天神信仰の場合、牛が神使とされてきました。

人が神とされた新しい事例としては、明治神宮を挙げることができます。明治天皇と昭憲皇太后が祭神として祀られています。日本の近代化の中で特別な役割を果たした明治天皇と皇太后を偲ぶ思いから、二人を祀る神社設立の機運が高まっていったといわれています。都心の真ん中で広大な緑地を持つ明治神宮ですが、この場所は、元々は森がない荒地でした。そのため、造園に関する一流の学者が集められ、人工林が作られました。人工林が自然林化していった場所としても、明治神宮はユニークな存在です。

TOPIC 4

神道を知る②
神道とビジネスの関係

パワースポット

有名な神社には毎年何万人もの参拝者が訪れ、周辺にも大きな経済効果をもたらしますが、ここでは比較的最近の話題として「**パワースポット**」を取り上げます。なお、パワースポットは和製英語なので、そのまま外国人に話しても通じない可能性があります。"spiritual site""sacred place"などの表現を使ったほうが、意味が伝わりやすいでしょう。

今では、多くの観光地でパワースポットと呼ばれる場所を見つけることができます。パワースポットは観光産業の推進力の一つになっているともいえます。ブームに便乗して、新たに作られたパワースポットも多数ありますが、昔からあった聖地にパワースポットという新たな言葉と意味が与えられ、再活性化してきたという経緯があります。

パワースポットの先駆けとなったのは、明治神宮にある湧水の井戸「清正井《きよまさのいど》」です。この井戸は、安土桃山・江戸初期の武将・加藤清正が掘ったという伝説のある井戸です。この井戸には運気向上の特別なご利益があるということが2009年にテレビで紹介され、多くの人が押しかける場所となりました。最盛期には4時間待ちの行列ができました。スマホで清正井の写真を撮って、それを待ち受け画面にするとご利益がある、などといった噂もインターネット上で拡散し、これまで明治神宮を訪れたことのなかった人々を引きつけることになりました。

ただし、このブームには神社側から見るなら問題もありました。確かに、清正井は文化財の一つとして大事にされてきましたが、明治神宮からすれば、大切なのは本殿を参拝してもらうことです。しかし、清正井を訪ねた人の多くは、それだけで満足し、帰ってしまうのです。本殿での拝礼を軽視したパワースポット・ブームが、神社界では批判的な目で見られることもありました。

宗教界側と訪問者の間に意図のズレはあるものの、こうした新しいブームは聖地をめぐる理解の変化を映し出している点で興味深いです。清正井をはじめ、パワースポットと呼ばれる場所の多くは神社に関係していますが、聖なる場所を訪ねたいという欲求は広く世界中で見出すことができます。[*22]

現代人は、特定の宗教に帰属する気がなくても、パワースポットなど、インスタントにご利益が得られそうなものには並々ならぬ関心を示すことがあります。これを不敬というのは簡単ですが、現代における新たな宗教性の一部としてとらえることも可能です。また、ビジネスの視点から見れば、**古いものに新しい意味を付与し、そこで得られた新鮮な体験がテレビやインターネット等のメディアを介して情報化され、拡散していくプロセスの中に、人々の好奇心を喚起するヒントを見出す**ことができるかもしれません。

■アニメ聖地巡礼

「アニメ聖地巡礼」も広く知られるようになってきた新しい動向です。アニメ「らき☆すた」（2007年）の中心舞台の一つ、鷲宮神社《わしのみやじんじゃ》（埼玉県）が多くのファンによって「聖地巡礼」の対象となり、大きな経済効果をもたらしました。実際、アニメ放映後の2008年の初詣客は前年の13万人から30万人に増加しました。この後も、神社に限らず、

22 岡本亮輔『**聖地巡礼——世界遺産からアニメの舞台まで**』（中公新書、2015年）は、こうした事情を教えてくれる好著です。

アニメに出てきた場面が聖地巡礼の場所として、アニメ・ファンによって訪問されるようになります。もちろん本来の聖地巡礼には、信仰の鍛錬や再確認といった宗教的な意味があります。キリスト教（カトリック）のサンティアゴ・デ・コンポステラ巡礼やイスラームのメッカ巡礼（六信五行の一つ）、四国遍路などを思い起こすことができます。それに対し、アニメ聖地巡礼は、宗教的動機を持たないものの、神社などにファンが集まり、緩やかな共同体を作ることがあります。鷲宮神社の場合には、地元の人とファンが協力して、アニメのキャラクターが描かれた神輿を担ぐという、新しいイベントも生まれました。

アニメに代表されるサブカルチャーは若者にとってなくてはならないものです。アニメは個人がパーソナルな空間で楽しむバーチャルな体験といえます。しかし、アニメ・ファンの中には、バーチャルな体験を他の人とバーチャル空間（インターネット）で共有するだけでなく、アニメの舞台となった場所を訪ね、リアルな空間を共有することにも関心を持つ人が少なからずいることを「アニメ聖地巡礼」は示しています。ファンがアニメの聖地に殺到し、大きな経済効果をもたらすという側面だけでなく、伝統的な宗教組織や教義という枠組みを必要としない、新しい宗教性の萌芽をここに垣間見ることができます。**リアルとバーチャルを行き来する新しい作法を、現代の若者は求めているのではないでしょうか。**神道は、そうした若者の欲求に適切な場を与える可能性を持っています。

TOPIC
5

仏教を知る①
仏教についての基本知識

■仏教を学ぶ意義

リアルとバーチャルの間を想像力豊かに行き来する作法については、仏教はその建築・絵画を通じて、マルチメディア的といってもよいほどの多彩な表現を持っています。たとえば、念仏を唱えれば死後、浄土に行くことができるという浄土信仰が、平安時代中期以降、広まっていきます。

本来、この穢れた地上では目にすることのできない、その意味でバーチャルな存在である浄土を、リアルなものとして、垣間見せたものが宇治の平等院鳳凰堂です。池の中島に建てられ、その美しい姿を水面に映している鳳凰堂の中央には金色の阿弥陀仏が座し、周囲の壁および扉には九品来迎図《くほんらいこうず》、阿弥陀仏の背後の壁には極楽浄土図が描かれています。

平等院鳳凰堂

絢爛豪華な鳳凰堂を見て、当時の人々は極楽浄土が地上に出現したかのように感じたに違いありません。鳳凰堂は今なお、多くの観光客を引きつける魅力を放っており、10円硬貨のデザインとしても長年親しまれてきました。

日常の中にあって非日常を感じさせてくれる伝統寺院は、観光産業の中核を担っているとともに、一般の人間にも仏教の世界観や思想を感じさせてくれる貴重な場です。私たちの身近なところにある寺院を訪ねることは、日本仏教を知る最初の一歩になります。しかし同時に心に留めておきたいのは、**日本仏教は仏教を知るために重要な一部ですが、仏教のすべてではないということです。**平等院鳳凰堂を見て、すべての仏教は浄土思想を持っている、と考えることはできないのです。仏教はその大きな器に、伝搬の過程で出会ってきた多くの思想を取り込んできました。その点で、仏教の多様性や蓄積は想像を絶するものがあり、その全体像をここで示すことなど到底できません。しかし、2500年前、釈迦によって伝えられた教えは比較的シンプルなものです。日本仏教において花開いた、様々な独自性に目を向けつつ、同時に、その背後にあって見えなくなりがちな釈迦の思想にも関心を持つことができれば、仏教の醍醐味を今以上に味わうことができるはずです。身近な日本仏教を源流から知るためには、仏教史の基本的な学びが欠かせないことはいうまでもないでしょう。[*23]

■仏教とは何か

そもそも、仏教とは何でしょうか。一言でいえば、**仏《ぶっ》・法《ぽう》・僧《そう》の三つを備えた宗教活**

23 宮元啓一『**わかる仏教史**』(角川ソフィア文庫、2017年)は、インド仏教史、中国仏教史、日本仏教史を総覧できる良書です。タイトルにある「わかる」という言葉が、読者の期待を裏切ることはないでしょう。この本は、高い学術的知見を十分にわかりやすく伝えていますが、さらにコンパクトな形で仏教史に触れたい方には、立川武蔵『**ブッダをたずねて――仏教二五〇〇年の歴史**』(集英社新書、2014年)をお薦めします。この本は、新聞に連載された記事が元になっており、見開きで一つのテーマを読み切ることができるようになっています。著者の体験が随所に散りばめられており、エッセイ風の読み物としてもおもしろいものです。

動が仏教です。この三つを「**三宝**」と呼びますが、聖徳太子の十七条憲法に「篤く三宝を敬え」とあることから、多くの方になじみのある言葉に違いありません。本章の冒頭（186ページ）で、日常の中で「宝」を見つけましょう、と述べましたが、仏教にとって宝とは、まさにこの仏・法・僧の三つの宝に他なりません。

「仏」は2500年前にインドで生まれた**釈迦**のことです。釈迦は長い修行の結果、独自の世界認識に到達し、**ブッダ**（仏）となります。ブッダは「覚者」を意味し、これまでのとらわれや蒙昧から目覚め、この世の真実を余すところなく見通す人のことです。初期仏教ではブッダは歴史上の釈迦その人に他なりませんが、後の大乗仏教になると阿弥陀如来や大日如来など、釈迦以外のブッダの存在が考えられるようになりました。

「法」は**ダンマ**（**ダルマ**）のことで、釈迦が説いた教えを指します。後には、ダンマは永遠の理法で、釈迦個人の教えを超えたものだという考え方も出てきます。

「僧」は**サンガ**のことで、出家者の集団を意味します。日本語の「僧」から個別のお坊さんを連想しがちですが、そうではなく、組織を指す言葉であることに注意する必要があります。

仏教の信者（在家信者）になるための条件が、仏・法・僧の三つの宝に帰依すると宣言することで、それを「**三帰依**《さんきえ》」と呼びます。こうした基本原則はすべての仏教に共通しています。しかし、ブッダやダンマをどのように理解するかについては、仏教の歴史の中で、とりわけ、大乗仏教が成立してから、解釈の幅が大きくなってきました。

サンガのサステナビリティ

サンガは2500年続いており、他の宗教組織と比べても、そのサステナビリティは群を抜いています。ここには企業のサステナビリティを考える上でもヒントになるものがありそうです。サンガが形成された最大の目的は、悟りに到達するために修行に集中できる環境作りです。釈迦のように一人で修行することも可能かもしれませんが、多くの人にとっては、同じ目的を持った仲間と切磋琢磨し、修行したほうが効果的です。

しかし、どの共同体も人数が増えてくると、煩雑な人間関係やトラブルが生じてきます。そこで釈迦は、本来の目的である修行に集中できるように、「律」といわれる規則を定めました。これこそが、サンガの持続性の源となっています。[*24] 律は修行者一人ひとりの行動を規定し、結果として生活共同体としてのサンガを堅固かつ柔軟なものにします。

24 佐々木閑『**出家的人生のすすめ**』集英社新書、2015年、51ページ。

規則と聞くと、よいイメージを持たない人もいることでしょう。たとえば、学校の校則には、髪の毛やソックスやスカートの長さまで事細かに決めているものもあり、それを経験した人にとっては、規則は人の自由を奪い、縛りつけるものという印象がつきまといます。企業であれば、経営効率を上げるために、一人ひとりの社員の労働をコントロールする厳格な就業規則を定めるということもあるでしょう。しかし、律はこれらの規則とは根本的に違う性格を持っています。

律には200余りの条項があり、その中には、飲酒をしない、性行為をしない、お金に触れない、食事は午前中に二度まで、といった一般社会では守ることが難しいものから、もう少し緩やかなものまで様々ですが、律を守ることによって、余計なことを考えずに修行に専念することが目標です。律による徹底した法治主義の仕組みをサンガは持っていますので、律を破った場合には罰則があります。

その罰則には軽重ありますが、殺人や性行為など罰則の重い律に違反した場合には、サンガから追放されることになります。しかし、こうした罰則規定も、サンガを修行に集中できる場として維持するためのルールであり、律さえ守っていれば、日常生活の雑事に悩むことなく、修行に打ち込むことができます。言い換えれば、律は修行の効率を最大化するためのルールであり、集団生活の中で修行の相乗効果を高める潤滑油の役割を果たしています。修行はあくまでも修行者一人ひとりが自らの苦を滅し、悟りに至ることを目指しています。サンガはそうした個人を支えるための集団です。律は個人を縛り、組織を個人より優先する集団主義の道具ではありません。**サンガにおいては「個人のために組織がある」といってよいでしょう。**

一方で、私たちの身の回りにある組織はどうでしょうか。「組織のために個人がある」という考え方は、日本社会では今も根強く残っています。企業であれ、国家であれ、集団や組織のために個人が犠牲を払うのは当然だという考え方は、長く、私たちの考え方や働き方を縛ってきました。個人に犠牲を強いる集団主義は、一時的には大きな成果（業績）をもたらすかもしれません。しかし、それは持続可能なものではないでしょう。

律の条項の中には現代的な感覚にはそぐわないものがあったり、サンガの理念と現実の間のズレがあるのも事実ですが、サンガを2500年にわたり維持してきた基本構造、そのサステナビリティから学ぶことは多くありそうです。

基本的な教え

仏教は歴史の中で哲学的な精緻さを増していきましたが、釈迦の教えそのものは必ずしも体系的なものではありませんでした。釈迦の言葉や教えを含む、もっとも古い経典を読めば、それがわかります。[*25]

必ずしも体系的ではなかった開祖の言葉が、歴史の中で緻密な教えとして体系化されていくのは、多くの宗教に見られることです。キリスト教の場合も同様で、イエスは体系的な教義を語ることはありませんでした。むしろ、まったく無学な人々でもわかるような日常の言葉、特にたとえ話で語りました。聖書に「イエスはこれらのことをみな、たとえを用いて群衆に語られ、たとえを用いないでは何も語られなかった」(「マタイによる福音書」13章34節)とあるとおりです。しかし、後のキリスト教は緻密な教義を整え、壮大な神学体系を構築していきました。物事を理路整然と理解したいという根源的な欲求を人間が持っている以上、教義化や体系化は当然の帰結ともいえます。

私たちが現在目にしている、具体的な教会や仏教各派は、その結実でもあります。しかしそれだけに、目の前の精緻化された教えだけに目を奪われるのではなく、**素朴で流動的で、それゆえ特定しがたい原初的な言葉や経験を思い起こすことは、現在の私たちのものの見方を批判的に対象化するためにも重要です。**

企業に関してこのことをいえば、創業者の言葉や理念を立派なものとして整えようとするあまり、**創業者の物語(エピソード)を規範化し、従業員を一定方向に縛る道具として**

使おうとする誘惑と、どのように適切な距離を取るか、という課題に置き換えて考えることができるのではないでしょうか。

中道

釈迦の説いた代表的な教えを見ておきましょう。出家前の釈迦は世俗の生活をしていました。世俗的な生活の基本は快楽原理です。心地よいものを求め、不快なものを避ける生活は、我々の日常の基本原理となっています。しかし、釈迦は快楽原理に身を委ねている限り、真実を見極めることはできないと考え、王子としての生活を捨て、修行の道へと入りました。苦行は確かに様々な苦しみに耐える力を与えてくれますが、苦しみそのものから解脱する知恵を与えてくれはしませんでした。釈迦は最終的に快楽主義でもなく苦行主義でもない第三の道、すなわち、「**中道**」によってこそ、悟りに至ることができることを自らの経験に即して説きました。

25 中村元訳『**ブッダのことば――スッタニパータ**』（岩波文庫、1958年）や同訳『**ブッダの真理のことば・感興のことば**』（岩波文庫、1978年）が、よい手引きとなります。

「中道」は極端を排するという考え方ですが、一見単純なようで奥が深く、また応用範囲も広いです。第3章で、一神教の多様性を俯瞰する極性として世俗主義と原理主義を取り上げたこと（125ページ参照）を、ここで思い起こしてもよいでしょう。自分の求めているもの、自分の考え方を正当化するために一つの考え方に固執してしまうと、それが極端なものであったとしても、その偏りを認識することができなくなりがちです。結果として、自分の考えに合わないものに対し、不寛容で、攻撃的な態度を取ることにもなりかねません。

また、現代世界を覆い尽くしている資本主義経済は快楽原理に基づき、私たちの消費欲求を増大させ続けることをことによって成り立っています。私たちの日常がその上にある以上、資本主義システムがいかに極端なものであったとしても、その極端さに気づき、対象化することは、通常、きわめて困難です。確かに、仏教は都市生活や市場原理を否定してはいません。むしろ、それに絶対的に依存して成り立っているのがサンガであるともいえます。しかし、**資本主義が人間の貪欲をかき立て、それが極端にまで至っているとすれば、その事実に気づかせ、中道を求めさせるのは、仏教の知恵に属する**といえるでしょう。

縁起

日本語では「縁起が良い」「縁起が悪い」というように、縁起を吉兆と結びつけて使うことが多いですが、釈迦の根本思想の一つとしての縁起は、もっと広い意味を持っています。**縁起は「縁《よ》って起こる」という意味で、この世界は原因と結果の因果関係によって成り立っているという考えです。**人間の心のあり方を含め、世界を合理的に観察しようとする釈迦の教えの特徴がここには表れています。縁起の教えには、一神教の場合のように超越的存在に依拠して世界を説明しようとする姿勢はまったくありません。それゆえに、神的存在を前提にしない（初期）仏教は宗教ではなく、哲学に過ぎないという批判がなされることもありましたが、これは狭すぎる、そして偏った宗教観だといえるでしょう。人間に不可避につきまとう不幸や苦しみの問題と向き合い、その解決方法を具体的に示そうとしている点で、仏教は紛れもなく宗教です。

縁起は後に釈迦の弟子たちによって**十二支縁起**（人間の苦悩は、無明ではじまり老死で終わる十二種の契機によって成立しているとする因果法則）のような体系的な教えに整えられていきますが、釈迦が説いたのは、物事には必ずそれを引き起こす原因があることを観察すること（**縁起の順観**）、そして反対に、その原因を絶てば、それに起因する結果も滅することを観察すること（**縁起の逆観**）でした。生老病死という言葉に代表されるように、老いや死は人間の苦悩の根本にあります。しかし、その苦悩の原因を順番にたどり、渇愛などを捨て、第一原因（第一支）である**無明**《むみょう》を絶つことによって悟りの境地に至ることを釈迦は示しました。

無明は様々な煩悩の中でも、それらを生み出す根本的なものと考えられています。簡単にいえば、知（知恵）が欠如している状態のことですが、それは知識がないということではなく、無明は、**自らの心や世界を合理的に観察する力を欠いているという、人間の本質的な愚かさを意味しています。**この愚かさがあるために、私たちは快適な生活の中にあっても、より大きな快を渇愛し、その欲望はとどまることを知りません。また、不快なものや苦しいことを遠ざけようと懸命になっても、それを完全に成し遂げることはできず、心はいつも不安で落ち着くことを知りません。快楽原理にとらわれている限り、すなわち、自らの渇愛が生み出す悪循環から脱することができない限り、人間の心は簡単に煩悩の巣窟に成り果ててしまいます。**渇愛することなく、無明を克服し、世界をあるがままに観察するための理論的基礎が縁起なのです。**

仏教は人間の苦悩と向き合う点で宗教に違いありませんが、**世界を合理的に観察しようとする縁起の教えは、科学との親和性が高い**といえます。科学は、この世界や宇宙にある法則性をミクロな次元からマクロな次元まで明らかにしようとする営みです。仏教は瞑想を通じて、自己や世界をあるがままに観察しようとするのに対し、科学は人間の認識能力を外部化した様々な実験器具・装置を使って、世界の仕組みを明らかにしようとします。こうした方法論上の違いがあるとはいえ、「世界の観察者」になろうとする点で両者は近い関係にあります。

仏教は「心の科学」ともいえる要素をふんだんに持っています。第1章で触れたマインドフルネス瞑想（21ページ参照）などは、その好例です。近代以降、宗教は科学と対照的な存在として位置づけられ、ときに宗教は非合理的であるとして批判されてきました。しかし、縁起に代表される仏教の世界観には、科学的世界観と通じる部分があり、分断されて久しい宗教と科学の間を架橋する現代的可能性を感じさせられます。

四聖諦

縁起に並ぶ、仏教の中核的な教えが**四聖諦**《ししょうたい》です。縁起が理論とすれば、四聖諦はそれを実践するための教えであるといえます。「諦」は日本語の「諦め」ではなく、真理・真実を意味します。悟りに至る四つの真理を説いたのが四聖諦で、**苦諦**《くたい》、**集諦**《じったい》、**滅諦**《めったい》、**道諦**《どうたい》から成っています。苦諦は、人生や世界には老いや死などの苦が満ちているという真理。

四聖諦と八正道

四聖諦	
苦諦	人生や世界には苦が満ちている（現状認識）
集諦	苦の原因が煩悩である（原因分析）
滅諦	煩悩を滅することで苦が消せる（解決方法）
道諦	煩悩を消す方法（八正道）がある（実施手段）

八正道	
正見	正しく四つの真理（四聖諦）を見る
正思	正しい考えを持つ
正語	正しい言葉を使う
正業	正しい行いをする
正命	正しい生活を送る
正精進	正しい努力をする
正念	正しい自覚を持つ
正定	正しい瞑想をする

集諦は、この苦の原因になっているのが渇愛や執着心などの煩悩だという真理。滅諦は、その煩悩を滅することによって苦を消すことができるという真理。道諦は、その方法となる道（**八正道**《はっしょうどう》）があるという真理。いずれも論理的に納得しやすいものですが、思い切って現代的な言葉で言い換えれば、四聖諦は現状認識、原因分析、解決方法、実施手順を示しています。

道諦の具体的内容として八正道があります。正しく四つの真理を見て（**正見**《しょうけん》）、正しい考えを持ち（**正思**《しょうし》）、正しい言葉を使い（**正語**《しょうご》）、正しい行いをし（**正業**《しょうごう》）、正しい生活を送り（**正命**《しょうみょう》）、正しい努力をし（**正精進**《しょうしょうじん》）、正しい自覚を持ち（**正念**《しょうねん》）、正しい瞑想をすべき（**正定**《しょうじょう》）だということです。八正道は、自己中心的な世界の見方を捨て、より正しい心と生活を通じて、この世の道理を客観的に観察しなさい、という指針であり、個人倫理と共同体倫理の両方がバランスよく含まれた修行法だといえるでしょう。

TOPIC 6

仏教を知る②
日本仏教の特徴

初期仏教の基本的な教えを踏まえた上で、次に日本仏教の特徴を見ていきましょう。初期仏教は、現在のネパールやインドにまたがるヒマラヤ山麓を中心に広まりましたが、その後の100年で大きく二つの系統に分かれて展開しました。一つは、現在のパキスタン、アフガニスタン経由でシルクロード沿いに中国に伝わっていった**大乗仏教**（**北伝仏教**）です。もう一つは、スリランカを経て東南アジアに広がっていった**上座部仏教**（**南伝仏教**）です。上座部仏教（あるいは上座仏教）は、長老（テーラ）である上座の僧侶たちによって伝えられてきた教え（ワーダ）で、現地の人々は**テーラワーダ仏教**と呼びます。上座部仏教は、初期仏教の教えを継承していますので、サンガや律を中心とした僧侶の修行を重視します。それに対し、釈迦が亡くなってから500年近く経って現れた大乗仏教は、大衆の救済に関心を向けます。同じ仏教とはいうものの、両者の間には強調点の違いがあります。日本に伝わったのは大乗仏教で、最初から大乗仏教一色でしたから、**日本では仏教はもっぱら大乗仏教として理解されてきました。**

釈迦の教えでは超越的な存在者は出番がありません。しかし、大乗仏教では、日本でもなじみのある阿弥陀如来や大日如来など、歴史上の釈迦以外のブッダ（仏）が数多く登場します。大乗仏教における仏は、すべての人に救済をもたらす慈悲深い存在です。その前提として厳しい修行が求められることはありません。大きな乗り物のように、多くの人を救える仏教が大乗仏教であり、それに対し、上座部仏教は、人々の救済より僧侶の修行が優先される「小乗」仏教だという呼び方が大乗仏教の側から使われたこともありました。これは侮蔑的な呼び名なので、今日では使われませんが、自分たちの集団を他より優れたものと見なそうとする傾向は避けがたく存在しています。

同じ仏教の中で、初期仏教に近い上座部仏教と、後発の大乗仏教のどちらが優れているかと問うことは、キリスト教においてカトリックとプロテスタントのどちらが優れているかと問うのと同じくらい、無意味なことです。上座部仏教も大乗仏教も、方法や強調点の違いがあるとはいえ、人の苦しみに向き合い、それを何とか解決したいと考える点では同じだからです。**どちらが優れているかと問うよりも、自分たちの伝統を、他の伝統を含む、より広い文脈の中で位置づけようとするほうが賢明でしょう。**こうした点を踏まえ、日本仏教の特徴を整理してみましょう。

弱い戒律、強い在家主義

日本仏教は**戒律**が弱い仏教です。合わせて、在家主義的傾向が強いともいえます。ちなみに、「戒律」と日本語ではひとまとめに記されることが多いのですが、厳密にいうと「戒」と「律」は異なる意味を持っています。律は先にも述べたとおり（227ページ参照）、罰則規定を持つ、サンガ維持のための法律のようなものですが、戒は、心のあり方を規制する行動指針で、現代の言葉でいえば、道徳に近いものです。

戒律が少なく、在家主義的傾向の強い日本仏教が形成された歴史事情には、大きく二つの段階がありました。

第一に、6世紀に仏教が日本にもたらされたとき、仏教に付随する建築学や医学など、当時の東アジアにおける最先端技術も導入したいという願いがあっただけでなく、仏教を精神的中核とした中央集権的な国づくりが目指されていたことです。仏教伝来当初には、その受容をめぐって廃仏派と崇仏派の対立があったこと、その後、聖徳太子を中心として仏教の興隆が進められたことはよく知られています。権力の中枢にいた聖徳太子が、仏教の最大のサポーターであったことは象徴的です。聖徳太子は日本仏教の祖といってよいほどの人物ですが、出家ではなく在家の信者でした。また、彼が著したといわれる『三経義疏《さんぎょうぎしょ》』は、いずれも在家主義的傾向の強いものでした。日本では、最初期から仏教は国家機能の一部に組み込まれていたのです。

出家すら国家の管理下に置かれました。出家するためには国家の許可が必要であり、また出家者の生活費はすべて国庫によって賄われました。この点で、本来のサンガと日本の出家集団との違いは明白でしょう。**仏教は国家護持の宗教としての役割を期待されていました。**朝廷にとって僧侶は国のために働く公務員のような存在でしたから、出家集団としてのサンガを形式的に認めたものの、自治運営の基礎である律の導入は認めず、実質的にサンガを骨抜きにしました。国家と距離を取り、民衆に向き合おうとする仏教諸派が現れるのは、ようやく鎌倉時代になってからです。

現代の日本仏教に直接つながる第二の変化は、明治期に起こりました。第2章の「食のタブー」で触れたように（76ページ参照）、1872年、「僧侶は肉を食べること、配偶者を得ること、髪を生やすことなど、好きにしてよい」という太政官布告が明治政府から出されます。それに対する抵抗も最初はありましたが、次第にその指示を受け入れ、現在、私たちが目にするような仏教の姿に近づいていきました。すなわち、当時、妻帯を認めていたのは浄土真宗などきわめて限られていましたが、多くの僧侶が家庭を持つようになり、結果的に世襲制度も一般化していったのです。

これまでの説明からわかるように、初期仏教の伝統を引くサンガにおいては、僧侶が家庭を持つこと、ましてや寺を自らの所有物であるかのように世襲することなど到底考えられません。しかし、もともと戒律が弱かった日本仏教の伝統に、明治政府の近代化政策（仏教の世俗化）が加えられることにより、他の地域では見られないような日本仏教の特殊性が形づくられるようになりました。このような日本仏教の特殊性を適切に理解するためにも、釈迦にまで遡る仏教の基本を押さえておくことは大切です。もちろん、日本仏教の特徴は、明治政府の近代化政策によるだけでなく、近代という新しい時代に対し、仏教界自体が自ら応答していった結果でもあります。[*26]

檀家制度

もう一つ日本仏教の特徴を挙げるとすれば、**檀家《だんか》制度**があります。江戸時代、キリシタン排除を目的とした宗教統治政策の一環として、檀家制度（寺請《てらうけ》制度、寺檀《じだん》制度）が始まりました。キリシタンではないことの証明として、すべての人が特定の寺に帰属することを求められました。明治時代に、この制度は解体されますが、社会的慣習として今も残っています。教会の場合も、檀家制度に近いメンバーシップを持っており、キリスト教の視点から見れば、日本仏教の檀家制度は決して奇異なものではありません。しかし、日本以外の地域では、仏教の世界に日本の檀家制度のようなものは存在しませんので、これは日本仏教の特殊性の一つといえるでしょう。

今日の問題は、少子高齢化や地方の過疎化が進む中で、檀家の力が弱まり、地域の寺院を支えることができなくなりつつあることです。地方では、無住職の寺も増えており、今後、そのようなお寺はますます増加するといわれています。

日本仏教の宗派

最後に、日本仏教の特徴として、その宗派を見ておきましょう。ここでは、その一つひ

26 多様な近代の課題に仏教関係者が果敢に向き合っていった足跡を、大谷栄一・吉永進一・近藤俊太郎編『**近代仏教スタディーズ——仏教からみたもうひとつの近代**』(法藏館、2016年)は、多数のイラストや図表を交えて、わかりやすく伝えています。

とつの背景や特徴に言及できませんが、日本仏教の主要な宗派として、主に奈良時代から鎌倉時代にかけて成立した**十三宗**を挙げることができます。それは**法相宗**、**律宗**、**華厳宗**、**天台宗**、**真言宗**、**浄土宗**、**浄土真宗**、**融通念仏宗**、**時宗**、**日蓮宗**、**曹洞宗**、**臨済宗**、**黄檗《おうばく》宗**です。黄檗宗のみ、江戸時代に成立したものです。

奈良時代から平安時代までは、中国から輸入された仏教が中心でしたが、鎌倉時代になると、浄土宗、浄土真宗、日蓮宗、禅宗（曹洞宗、臨済宗）のように、独自の教えを展開する仏教が現れてきます。もちろん、鎌倉仏教も、その教えのルーツは中国仏教にありますが、これらはきわめてユニークな日本的な展開を示しています。

中国にも多様な仏教宗派があったとはいえ、弾圧の中で途絶えてしまったものも少なくありません。これほど多様な宗派が現存しているのも、日本仏教の特徴であるということができます。

十三宗

成立年代	宗派	開祖	系統
奈良時代	法相宗	道昭	奈良仏教系
	律宗	鑑真	奈良仏教系
	華厳宗	審祥	奈良仏教系
平安時代	天台宗	最澄	法華系・密教系
	真言宗	空海	密教系
	融通念仏宗	良忍	浄土系
鎌倉時代	浄土宗	法然	浄土系
	浄土真宗	親鸞	浄土系
	時宗	一遍	浄土系
	日蓮宗	日蓮	法華系
	曹洞宗	道元	禅系
	臨済宗	栄西	禅系
江戸時代	黄檗宗	隠元	禅系

TOPIC 7

仏教を知る③

仏教とビジネスの関係

観光資源・信仰資源としての寺院

有名な仏教寺院は、多くの観光客を引き寄せ、日本の巨大な観光ビジネスの中核を担うものです。しかし、寺院を観光資源としてのみ見るのは、実にもったいないことです。今や、国内外から多くの人々が京都などにある有名寺院を訪ねますが、先に平等院鳳凰堂の例を出したように、それぞれの建築は仏教の世界観を映し出しており、そこから感じ取れるもの、学び取れるものは、たくさんあります。

仏教の世界観を表現した、広い意味での「信仰資源」としての寺院をどのように説明すればいいのでしょうか。宗教としての仏教の魅力を自分自身の言葉で表現できれば、客人を案内するにしても、関心の喚起の仕方が大きく変わってくるはずです。また何より、自分の言葉で語ることにより、自分と仏教の関係に新たな光を当てることができます。

神道を外国人に説明する際のガイドとして*Soul of Japan*を紹介しました（203ページ参照）。仏教の場合、各地域の寺院を紹介する英語ガイドブックは無数にありますが、それらの多くは寺院の歴史的背景や建築上の特徴を紹介しており、まとまった形で日本仏教の特徴を教えてくれるものは決して多くありません。

そのような中、日本仏教のコンパクトな英文ガイドとして、全日本仏教会による*A Guide to Japanese Buddhism*（Japan Buddhist Federation, 2004）を挙げることができます。これはインターネットからＰＤＦとしてダウンロードできるもので、日本仏教史の概要、現代の仏教の姿などをわかりやすく記しています。神道と同じく、仏教の場合も、急に英語にすることが難しい言葉がたくさんありますので、こうしたものに目を通しておくと英語で説明するための手助けになります。

第2章において宗教の中心点の移動について説明した際、ガンダーラ地方でギリシア文明と出会い、初めて仏像が生み出されたことを述べました（81ページ参照）。寺院を訪ねる際、そこに安置されている仏像を見るのが観光客の楽しみの一つになっていますが、多神教の偶像崇拝が支配的であったインドで生まれた仏教は当初、そのような風潮に対抗するために、仏陀を偶像として崇拝することを否定していました。**仏足石**《ぶっそくせき》（仏陀の足の裏の形を石の上に刻んだもの）、**法輪**《ほうりん》（釈迦の教えを車輪にたとえて作られたもの）、**菩提樹**《ぼだいじゅ》（釈迦がその根元で悟りを開いたといわれる菩提樹を模したもの）が、象徴的な信仰の対象として存在していただけでした。しかし、ガンダーラ地方で最初の仏像が生まれ、それが広く伝搬し、今や仏像は仏教にとってなくてはならないものとなりました。

寺院の建築様式も、歴史の中で変遷・発展してきたものです。**五重塔**は、**ストゥーパ**から発展したものですが、ストゥーパはもともと釈迦の遺骨である**仏舎利**《ぶっしゃり》を収めたものでした。仏教伝搬の過程で、ストゥーパが中国の建築様式に変換され、さらに多層化されたのが五重塔です。もともとは、礼拝の対象として仏舎利を収めたとされる塔ができ、その近くに**僧院**（僧が住む建物）が造られました。これが**仏教伽藍**《がらん》（仏教建築物）の初期形態です。

しかし、多数の仏像が作られるようになると、塔に代わって仏像が礼拝の対象となっていきます。その仏像を安置する建物として作られたのが、**金堂**《こんどう》です。その後、金堂が仏教伽藍の中心を占め、塔は次第に装飾的な位置づけに変化していきました。現在、我々が目にしている仏像や寺院には荘厳で壮大なものが少なくありませんが、仏像や寺院の発生史を知っておくことは、仏教の教えとその表象方法の関係を理解する上でも有益です。

宗教とイメージ

仏教に限らず、多くの宗教はその中心的な教えをいかに表現するか（もしくは、しないか）に関心を向けてきました。目に見えない信仰世界を、目に見えるイメージ（像、図像など）によって、どのように表現するかについては、様々なバリエーションがあり、興味深いものです。仏教の特徴を知るためにも、他の宗教との比較を交えて、宗教的実践（瞑想・祈り）をする際にイメージをどのように使うかについて、簡単に説明します。

同じ仏教でもイメージの使い方は多様です。たとえば、真言宗はイメージを積極的に用います。**曼荼羅**《まんだら》に代表される豊穣な仏教芸術が真言宗から生まれてきました。他方、禅宗はイメージを否定します。人間の心が生み出す特定のイメージすら否定することによって、日常的認識を超えた境地を目指します。このような簡素を好む禅の思想に基づいた五山文化が室町時代に栄え、今日の日本文化の元になるような文化・芸術を多数生み出しました。

一神教においてもイメージの取り扱いには違いがあります。カトリックや正教会はイメージを積極的に用います。宗教画やイコン、マリア像や聖者像などを媒介として、神に祈りを捧げます。一方、プロテスタントはおおむねイメージには否定的です。イスラームでは神的なものを絵として描くことを禁じていて、イスラームのモスクには絵は一切飾られていません。壁面を飾るのは、アラビア語のコーランの章句だけです。
このようにイメージに関しての宗教ごとの比較の視点を持っておくと、仏教を外国人に説明する際に、よりわかりやすく伝えることができるかもしれません。

出家的人生のすすめ

仕事に忙殺され、職場と家庭の間を行き来きする日常の繰り返しに疲れを感じているビジネスパーソンに、ぜひお勧めしたいのが「出家的人生」です。仏教にとって出家や出家組織が重要な役割を果たしてきたことは、すでに述べてきたとおりです。ただし、出家の本質を理解すると、それは必ずしも僧侶の特権ではなく、普通の生活をしながらも、本当に好きなことをし、生きがいのある人生を見出していく道として受けとめることができます。

律を専門とする仏教学者・佐々木閑《しずか》氏は、その研究のエッセンスを、『出家的人生のすすめ』（集英社新書、２０１５年）と『ブッダに学ぶ「やり抜く力」』（宝島社、２０１７年）の中で実にわかりやすくまとめ、出家的人生のノウハウを示してくれています。[*27]

その出家的人生のノウハウは、ビジネス書の書棚に所狭しと並んでいる「自己改革」本の類とは一線を画する内容になっています。この二冊は補完的な関係にありますので、合わせて読むとよいでしょう。前者は、釈迦の仏教やサンガの特質を丁寧に伝えながら、理論的に出家的人生の有意義性を展開しています。それに対し、後者は、歌手・大江千里、サッカー選手・三浦知良、ノーベル物理学賞受賞者・中村修二、チーズ農家・吉田全作といった人々の具体的な生き様を例に挙げながら、誰もが出家的人生を始められることを説いた実践的手引き書としての性格を持っています。

佐々木氏によれば、**出家とは世を捨てることではなく、社会からの支援を前提に、同志とやりたいことを一生かけて追求することです**。この意味において、この世には仏教に限らず、出家的な世界が無数にあります。一見、宗教とは正反対の場所にいるような科学者も出家集団と見なすことができます。科学者は真理の探究のために働いていますが、たとえば、「ビッグバンはどうして起こったか」がわかったとしても、それによって我々の日

27 佐々木氏の最新刊の一つに、佐々木閑・宮崎哲弥『**ごまかさない仏教――仏・法・僧から問い直す**』（新潮選書、２０１７年）がありますが、これは、仏教の基本知識を持っている人であれば、かなり堪能できる内容になっています。仏教に対する深い造詣を持つ宮崎氏の鋭い問いかけに佐々木氏が答える中で、仏教学における様々な争点が示されていきます。

常に実利が生じるわけではありません。しかし、長い目で見た場合、このような研究が将来のイノベーションにつながる可能性があります。目先の実利的な要請にだけ応えていては、画期的な発見はなされません。そうした科学研究の長期的な意義を理解して、私たちは税金などを使って科学者に「お布施」をしているわけです。また、「出家集団」としての科学者はそのように信頼され、「お布施」を受けている以上、規範と信頼を損なうような研究不正をしてはならないのです。

出家の真の意味は、自分の人生を充足させるため自力で生き方を変え、やりたいことをやり続けることにあります。自分の人生に完全に満足している人に出家的人生は不要です。しかし、釈迦自身が、人生の苦しみや充たされない思いが自己変革の原動力になったことからもわかるように、自分の人生に悩みを抱えている人にとっては、釈迦の示した出家の道は大いに参考になります。忙しいビジネスパーソンにとっては、仕事と家庭の二つが自分の世界のすべてとなり、それ以外の多様な世界が目に入りにくくなりがちです。繰り返しの連続の中で過ぎていく日常に、実利的でない異質な時間を取り入れ、暮らしに新たな刺激を与えることも出家的人生の目的です。

出家は世捨て人になることではありません。社会の中に身を置きつつ、社会の通念を脱して、独自の価値観で我が道を歩んでいくことです。こうした生き方をしている人は「変わり者」として見られるかもしれませんが、**「変わり者」を大切にしない会社は、イノベーションを起こすことができない**でしょう。独自の価値観を持つ人、いうなれば「社内出家者」のような人材をダイバーシティの資源として活用できるかが、企業の長期的なサステナビリティの成否を決するのかもしれません。

■日本の「新宗教」

これまで紹介した伝統的な神道や仏教教団に加え、「**新宗教**」と呼ばれる新しい日本の宗教教団も多数あります。幕末、すなわち、19世紀前半に誕生した最初期の新宗教には、黒住《くろずみ》教、天理教、金光《こんこう》教、大本《おおもと》があります。20世紀になると、創価学会、霊友会、立正《りっしょう》佼成会《こうせいかい》、真如苑《しんにょえん》、生長の家などが出てきます。新宗教といえども、成立した際の宗教的・社会的環境から影響を多かれ少なかれ受けており、大別すれば、神道系のルーツを持つものと、仏教系のルーツを持つものがあります（両者が混在しているものもあります）。

伝統宗教と異なる新しさをはっきりとわかる形で持っているのは神道系の新宗教のほうが多いといえそうです。幕末に成立した新宗教に典型的に見られるように、教祖の神憑《かみがか》りが新宗教設立のきっかけとなっており、そこには伝統にとらわれない斬新さを見ることが

主な新宗教

名称	設立年	系統
黒住教	1814 年	神道系
天理教	1838 年	神道系
金光教	1859 年	神道系
大本	1892 年	神道系
霊友会	1920 年	仏教系
創価学会	1930 年	仏教系
生長の家	1930 年	混合系
真如苑	1936 年	仏教系
立正佼成会	1938 年	仏教系

できます。それに対し、仏教系新宗教は既成仏教との関係が深く、教義面での新しさがわかりにくい場合があります。しかし、日本の産業化や高度経済成長などの激変期に、人々の心のよりどころとして、伝統仏教とは異なる受け皿として急成長してきました。

週刊誌やビジネス雑誌でも「宗教とカネ」といったテーマが定期的に取り上げられますが、その際に注目される宗教組織の多くは新宗教です。新宗教の一部は組織化された集金力を持っています。また、選挙の際に安定した集票力を示すのも新宗教です。公明党を支える創価学会が一番有名ですが、新宗教の中には政界とのつながりを持つものが少なくありません。このように現実社会に対し、新宗教は大きな影響力を及ぼしてきましたが、歴史の授業などで扱われるのは、もっぱら伝統宗教であって、新宗教について学ぶ機会は皆無に等しいといえます。*28

真如苑や創価学会など一部の新宗教を除けば、ほとんどの新宗教は、この20〜30年の間に信者数をかなりの程度減少させてきました。新宗教の多くが、高度経済成長や、それに伴う都市への人口移動という大きな社会変化の中で、信者数を増やしてきたことを考えれば、現在のように経済活動が停滞している時代において、かつてと同じような拡大路線を歩むことはできないでしょう。しかし、近代以降の社会変化に応答する形で現れてきた新宗教には、日本人の新たな宗教的欲求や宗教性が色濃く映し出されており、海外の宗教研究者からも注目をされてきました。伝統宗教だけでなく、新宗教もまた、日本宗教の紛れもない一部なのです。

28 島田裕巳『**日本の新宗教**』（角川選書、２０１７年）は、最初期の新宗教から、オウム真理教を含む戦後の「新新宗教」の最近の動向までをカバーした良書としてお薦めできます。それぞれの新宗教の成立や特徴をわかりやすく描写し、読み応えがあります。

第5章

ビジネスの課題と宗教の役割

——これからの時代をどう生きるか

TOPIC 1

何のために働くのか

最終章では、これまでの章で論じてきたことを踏まえながら、「働く」ことの意味を掘り下げ、今後のビジネス・ライフがどうなるのか、展望してみたいと思います。

正規雇用、非正規雇用、アルバイト等、労働の形態に差があるとはいえ、私たちの多くは、生きていくために日々働いています。しかも、私たちの一生は、長短の差こそあれ、限られたものですが、その人生のかなりの部分を労働が占めています。つまり、**働くことの意味を問うことは、生きることの意味を問うことと表裏一体といえます。**働きがいのある仕事をしていれば、人生に張りができますし、反対に、働くことに苦しさを感じていれば、たとえ労働が一日24時間のうちの一部に過ぎなくとも、人生観そのものを悲観的にしかねません。おそらく、現在の労働環境に100%満足している人は多くないでしょう。

私たちは、どこかで妥協しながら、人生と労働の折り合いをつけています。しかし、労働が完全に満足のいくものではなくても、適切な妥協点を見出すことができれば、納得いく形で自分の人生を選び、生きることができるはずです。そのためにも、働くということが、私たちの限られた人生の中で、どのような意味を持つのか、考えていきましょう。

働くことのつらさ

人類の歴史の中で労働の中身や労働環境は大きく変化してきました。特に、産業革命以降の変化は劇的です。しかし、それ以降、高度に産業化し、ＩＴ化が進んだ今日においても、働く必要がなくなったわけでもなければ、働くことが飛躍的に楽になったわけでもありません。過酷な自然環境の中で身体を酷使するような労苦から、現代人は解放されつつありますが（もちろん、今もそのような労働は残っています）、つらさの種類が変わっただけで、労働に伴う労苦は今も十分すぎるほど、そして、多種多様に存在しています。「働き方改革」が昨今叫ばれていますが、それが働くことに関する問題を根本的に解決してくれることはなさそうです。あるいは、今後、人工知能等によって牽引される技術革新がさらに進めば、労働に伴う苦悩から人は解放されるのでしょうか。おそらくそれも難しいでしょう。

仏教では、苦の現実を直視することが最初の重要なステップですが、聖書でも、その点は似たアプローチをしています。聖書は、労働の苦しみが根源的なものであることを次のように伝えています。

〝神はアダムに向かって言われた。「お前は女の声に従い、取って食べるなと命じた木から食べた。お前のゆえに土は呪われるものとなった。お前は、生涯食べ物を得ようと苦しむ。お前に対して、土は茨とあざみを生え出させる、野の草を食べようとするお前に。お前は顔に汗を流してパンを得る、土に帰るときまで。お前がそこから取られた土に。塵にすぎないお前は塵に帰る。」〟（『旧約聖書』「創世記」3章17〜19節）

これは聖書の冒頭にあるエデンの園の物語の一部です。神によって「取って食べるな」と言われていた木の実を食べてしまったアダムの「生涯食べ物を得ようと苦しむ」という結末が語られていますが、この物語は同時に、労働の苦しみに対する原因譚《たん》となっています。アダムとエバ以降、多くの人間が「なぜ汗水たらして働き続けなければならないのか」という問いを発してきました。その問いに対し、「人類始祖アダムが受けた罰を人類が負っているからだ」という答えを、この物語は暗示しています。もちろん、それによって苦しみそのものが減じるわけではありませんが、人は世界の現実を納得するための物語を、いつの時代も求めてきたのです。

アダムのコンプライアンス違反

この物語では、働くことの労苦が人類史と同じだけの長さを持っていることが示されているだけでなく、人（アダム）の不正、ルール違反が問題の中心となっています。現代ビジネスの用語でいえば、**アダムは「コンプライアンス違反」を犯したということです。**

コンプライアンスに対しては「法令遵守」という訳語が定着しつつありますが、ただ法令を守っていればよいというだけでなく、倫理的な規範、すなわち企業倫理を問う言葉でもあります。製品の品質の偽装、不正会計、不正入札等々、毎年のように、企業の倫理観を疑わざるを得ないような事件が続いています。法の抜け道を探してでも利益を上げようとする企業にとっては、規範や倫理など気にする余裕はないかもしれません。しかし、何千人もの社員を擁するような大企業であったとしても、たった一人の不祥事がメディアやインターネットによって瞬く間に知れ渡り、それによって会社全体が大きな損害を受け、存亡の危機に陥ることもあり得る時代です。それは、アダムに与えられた罰が全人類に影響を及ぼすことを暗示する、聖書の物語を連想させます。

アダムは「取って食べるな」と命じられていたにもかかわらず、その木の実の誘惑に勝てず、取って食べてしまいました。時代を超えて存在する、この種の誘惑と戦うことは決して容易ではないことを、ビジネスパーソンはいうまでもなく、誰もが肝に銘じる必要があるでしょう。

日本の労働の現状

働くことに伴う根源的な労苦については、聖書の世界に限らず、すべての人間社会で経験的に了解される事柄であるに違いありません。時代の移り変わりと共に、働き方のスタイルは大きく変化してきましたが、今なお、労働をめぐる課題は山積みです。その課題について、身近な日本の労働環境を例にとって考えてみましょう。

何といっても、日本における労働についての最大の課題は長時間労働です。この問題が放置された結果、「過労死」の犠牲者が続き、「過労死」という日本語が国際的にも知られるようになりました。日本では、いったん会社に入れば、会社の論理に従うことを強く求められ、また、多大な犠牲を払ってでも会社に対する忠誠心を示すことが長らく美徳とされてきました。したがって、会社のために我慢することはあっても、会社の論理を批判的に見たり、働き方を疑ったりすることはタブーとされてきました。

前章で、仏教のサンガや律に触れた際、「個人のために組織がある」という基本姿勢をサンガが持っていることを指摘しました（229ページ参照）。一方、日本企業の場合、「組織のために個人がある」という感覚のほうが、まだ強いのではないでしょうか。この感覚が変わっていかない限り、小手先の「働き方改革」では、将来の犠牲者を未然に防ぐことはできません。ただし、変わるべきは意識だけではありません。法律が労働者保護に向けて抜本的に変えられる必要があります。日本では、労働時間に対する法律の強制力が弱く、結果的に、法律が労働者保護より企業の都合（業績拡大）を優先させている感があります。

労働環境の国際比較

幸い、今日では日本の労働環境を他国のものと比較し、日本の実情をより対象化しやすくなってきました。労働市場もグローバル化していますので、日本の論理を絶対的な基準とする必要はありません。むしろ、国際比較する中で利点や欠点が明らかになり、改善すべきポイントや、将来のビジョンも見えてくるはずです。

日本のビジネスモデルや労働スタイルの多くはアメリカに依拠していますので（ちなみ

に、アメリカは先進国の中で唯一、有給休暇を取得する権利が法的に定められていない国です）、比較のためには、アメリカではなく、ヨーロッパを取り上げたほうが、違いがより鮮明に現れてくると思われます。

たとえば、戦前から日本と交流があり、また、戦後、敗戦国でありながら、日本と同じくめざましい経済成長を遂げた国として、ドイツを比較の対象とすることができます。[*29] ドイツ人は定時帰宅する習慣があり、それに対し、日本人は長時間残業が常態化しています。さらにいえば、ドイツでは有給休暇の消化率がほぼ１００％であるのに対し、日本では50％程度です。また、ドイツに限らず、ヨーロッパ諸国では、２〜３週間程度のまとまった長期休暇を取ることが労働者の権利として認められており、多くの労働者はそれを楽しみに働いています。この比較から推測されるように、ドイツの年平均労働時間（１３７１時間）は、日本（１７１９時間）より、はるかに短くなっています（２０１４年時点）。しかし、ドイツの労働生産性（労働者一人が1時間に生み出すＧＤＰ）は日本を約46％、上回っています。この違いをどのように受けとめたらよいのでしょうか。端的にいえば、**日本は労働生産性の低さを長時間労働によって補っている**ということになります。

日常的な休息や長期休暇によって心身をリフレッシュすることが、仕事に対する意欲を維持するために重要なことはいうまでもありません。日常的な休息において重要な役割を果たすのが睡眠ですが、経済開発協力機構（ＯＥＣＤ）の２０１８年度調査によれば、日本人の平均睡眠時間は7時間22分で、加盟諸国の中で一番短く、平均より約1時間短いものとなっています。ビジネスパーソンの場合、平均睡眠時間はさらに短くなるに違いありません。長期休暇から睡眠のような短期の休息に至るまで、徹底した休息不足が日本の労働環境を特徴づけていることがわかります。

心身の長期的・短期的リフレッシュの必要性は、健康や労働意欲の維持のためだけではありません。休息や休暇は、前章で言及した「出家的人生」（２５０ページ参照）を認識し、実行するための大切な一歩となります。休暇を通じて、仕事以外の世界があることを人は知ることができるからです。そして、自分が「会社人間」であるだけでなく、その前に、**一人の「人間」として尊厳ある存在であることを繰り返し認識するためにも、適切な休息が必要**なのです。

29 ドイツと日本における働き方の違いを、豊富なデータを元にわかりやすくまとめ、今後の日本社会にとって有益な指針を与えてくれている本として、熊谷徹『**5時に帰るドイツ人、5時から頑張る日本人──ドイツに27年住んでわかった定時に帰る仕事術**』（ＳＢ新書、２０１７年）があります。

伝統的な労働倫理からの解放

世界第三位の経済大国・日本において、ヨーロッパ並みの長期休暇を取れないこと、同僚に気を遣うあまり、有給休暇の消化もままならないこと、いまだ長時間残業がなくならないことの原因は、どこにあるのでしょうか。こうした実情の背景には、江戸時代以降、日本社会の中で定着してきた労働倫理が多分に影響していると思われます。

近世において、人々は豊かになるために一生懸命働きました。社会の発展とともに、労働時間は長くなっていきましたが、それは勤労の美徳として称賛されました。近代になると、社会は本格的な産業化を迎え、勤勉と長時間労働に基礎づけられた労働倫理は、「富国強兵」という大スローガンのもと、国家の指導によって、ますます強固なものに仕上げられていきます。その際、労働倫理は儒教的な国家道徳によって強力に補完されていました。そして、その精神は敗戦後も形を変えて受け継がれ、高度経済成長期の日本を支えたのです。組織や国家のために個人が犠牲となり、その結果、豊かさが得られたという実感や、我慢すれば報われるという経験が多少なりともあったからこそ、伝統的な労働倫理が生き延びてきたわけです。

しかし、それが現在そして未来においても適切なものかどうかについては、批判的に検討する必要があります。一人ひとりの人間ではなく、組織を優先する労働倫理、会社の業績維持・拡大のために正当化される長時間労働は、健全とは言い難いレベルに達しています。この状況に我慢し続けることを社員に強いる企業は、その持続可能性を着実に失っていくことでしょう。伝統的な労働倫理が、いかに根深いものであるかを十分に認識した上で、問題を克服し、同時によいものを残していく努力を続ける必要があります。

将来のためのヒントを、長年、続いてきた企業の過去から学ぶことができるかもしれません。帝国データバンク資料館・産業調査部編『百年続く企業の条件――老舗は変化を恐れない』(朝日新書、2009年)は、各種データから、百年以上続いている老舗企業の存続の秘訣を探ろうとしていますが、同時に、老舗の座から一気に転がり落ちてしまった企業の分析もしています。この本の冒頭には、次のような結論的なまとめが記されています。

〝そして、元気な老舗企業には次のことがいえる。ひたすら真面目に、愚直に毎日の仕事を続けてきたということ。自社の発展だけでなく、顧客や社会の発展も望む気風が培われていること。時代の変化を恐れないこと。〟(同書5ページ)

短いながらも、誰もが納得できる要素ではないでしょうか。真面目で誠実な仕事ぶりは、社会から信頼を得るための大前提です。また、老舗企業は業績至上主義ではなく、公益性の視点を持っていることも興味深い点です。さらに、老舗であることに安住することなく、時代の変化に積極的に対応してきたということです。

老舗企業の多くは、伝統的な労働倫理を持っているはずです。しかし、今後も持続可能性を発揮しようとするのであれば、**「時代の変化」を恐れないだけでなく、「社内の変化」を恐れないことも重要です。**それは老舗企業に限らず、すべての企業に当てはまるでしょう。その社内変化において、今、もっとも必要とされているのが長時間労働への抜本的な対応なのです。伝統的な労働倫理を見直し、管理する者と管理される者の連鎖から成り立つ、従来の階層型マネージメントとは異なるタイプの労働環境を模索する中で、**長時間労働に頼らずに労働生産性を向上させ、結果的に労働者の人間性を回復させる道が見つかるとすれば、それが企業の持続可能性につながっていくのではないでしょうか。**

人生における労働の意味――ベルーフを手がかりに

さらに別の角度から労働の意味を考えるために、宗教改革者ルターが使った「ベルーフ」という言葉を取り上げてみましょう。ベルーフは「職業」「召命《しょうめい》」「天職」などと訳されてきました。「職業」と訳してしまうと、世俗的な意味合いが強くなってしまいますが、この言葉はそれだけでなく、神によって特定の職務に召し出されること（**召命**）、神から与えられた仕事（**天職**）という意味合いを持つことからわかるように、世俗的な事柄と宗教的な事柄を分けるのではなく、むしろ、両者をつなぎとめる働きを持っています。

宗教改革以前、修道院で禁欲的な生活を送ることこそが、宗教的に尊い意義を持つとされ、世俗の仕事とは明確に区別されていました。ところが、ルターは世俗的な労働にも積極的に宗教的意義を見出し、世俗社会における一つひとつの仕事も、神から与えられた天職であると考えました。それによって、職業の貴賤を排したのです。人間のあらゆる労働が神に仕える尊い価値を持つ、という新たな認識は、近代的な労働観にも影響を与えることになりました。

マックス・ウェーバーは「プロテスタンティズムの倫理と資本主義の精神」（1904－5年）において、ルターのベルーフの概念を参照しながら、元来、利潤追求が否定的に見られていたキリスト教社会において、なぜ近代資本主義が生まれてきたのかという問いに答えようとしました。世俗的な仕事をしながらも、暴利をむさぼらず、むしろ倹約・節約に務める「世俗内禁欲」によって、神から選ばれているという実感を得ようとする行為が、近代資本主義の前提となる資本の蓄積を促していったとウェーバーは考えたのです。

もちろん、資本主義は内面的な価値観の変化だけから生まれてきたわけではなく、イギリスを中心として始まっていた都市化、貿易の拡大、サービスの多様化など、需要と供給をめぐる社会環境の変化を視野に入れる必要があります。とはいえ、西欧キリスト教世界と資本主義の関係を分析し、両者の間の精神的な結びつきを明らかにしようとしたウェーバーの学説は、後の時代に、日本を含む、他の地域の経済発展の原因分析をも触発し、今なお、繰り返し参照される魅力を有しています。

ウェーバー説の是非はともかくとして、世俗的領域と宗教的領域をつなぐ「天職」という考え方は興味深いものです。キリスト教的な背景の有無にかかわらず、今日では一般的な用語として「天職」を用いますが、現在の自分の仕事を天職だといえる人は必ずしも多くはないでしょう。しかし、自分が自分の好きな仕事を選ぶことができたかどうかは、元来、天職の考え方には関係ありません。実際、中世ヨーロッパ社会において、職業選択の自由など、ほとんどありませんでした。それでも自分が手にしている仕事を「意味あるもの」として受けとめることができれば、それが「天職」となるのです。現代においても、職業の選択は、多くの場合、妥協の産物です。しかし、**自分自身の視点から「意味あるもの」を見出すことができれば、それは職業の貴賤を前提とする従来の労働倫理から抜け出すための最初の一歩となるはずです。**

TOPIC 2

「休む」ことの重要性
——IT時代のバランス感覚

ワーク・ライフ・バランス

長時間労働、過労死などが論じられる中、近年、問題への対応として「**ワーク・ライフ・バランス**」の必要性が叫ばれるようになってきました。たとえば、内閣府は「仕事と生活の調和（ワーク・ライフ・バランス）憲章」を出しています（2007年策定、2010年改訂）。この全文はインターネットで読むことができますが、そのポイントになるところを見てみましょう。

この憲章によれば、仕事と生活の調和が実現した社会とは、「国民一人ひとりがやりがいや充実感を感じながら働き、仕事上の責任を果たすとともに、家庭や地域生活などにおいても、子育て期、中高年期といった人生の各段階に応じて多様な生き方が選択・実現できる社会」とされています。また、具体的なイメージとして、①就労による経済的自立が可能な社会、②健康で豊かな生活のための時間が確保できる社会、③多様な働き方・生き方が選択できる社会、が挙げられています。

それぞれの項目に数値目標を掲げ、理想とする社会の実現を政策的に目指している点は、評価すべきでしょう。長年、仕事中毒（ワーカホリック）といわれてきた日本の労働者にとって、仕事と生活の調和は国民的な課題ともいえます。国家からすれば、国民にしっかりと働いてもらうことは大切です。しかし、働き過ぎの結果、家庭生活を犠牲にしたり、ストレスから精神疾患に陥ったりしては元も子もありません。このような悲劇を避けるためには適度な休息を取り、仕事以外の生活の時間をバランスよく持つこと、あるいは、それぞれの家庭状況に応じた多様な働き方を実現することが欠かせません。

ただし、こうした取り組みは、国家主導で進められるより、それぞれの職場で具体的なニーズを受けとめて進められたほうが、はるかに実効性があります。現状では、ワーク・ライフ・バランスをめぐる議論と、「働き方改革」の議論は、あまり連携しているように見えませんが、本来、両者は密接な関係にあります。仕事と生活の調和が大事だといったところで、労働者が長時間労働から保護され、もっと柔軟に休息・休暇を取れるような社内システムや、法的な整備がなければ、すべて「絵に描いた餅」で終わってしまう可能性があります。

また、**仕事と生活のバランスを論じる前に、この両者を俯瞰できる視点が必要ではないでしょうか。これまで本書で紹介してきた宗教的な視点は、その一助となります。**通常、仕事の場においても、私生活の場においても、そこに個人を縛りつける強い吸引力があり、両方の間を行き来するだけで精一杯となりがちです。しかし、一人の人間を育んできた自然や文化、異なる世代のつながり、地域社会、さらには、彼岸的な世界とのかかわりなどに目を向けさせることで、日常と非日常を峻別しつつも両方を行き来させようとする作法は、日常にべったりと張りついてしまっている我々の意識を、そこから剥がし取る力になり得ます。**一神教や神道、仏教などから学ぶことのできる知恵は、それぞれに帰属する信仰者の専有物ではありません。それは人類に開かれた知恵**であり、ワーク・ライフ・バランスを考える際にも、様々な気づきを与えてくれるはずです。

■宗教に内在するVRとAR

ワーク・ライフ・バランスに限らず、バランスは何事につけ大事です。それは、どっちつかずの中途半端や、いわゆる「適当」という意味で理解するより、仏教における「**中道**」

の視点から解釈したほうが、味わいが出てくるかもしれません。つまり、仕事であれ、私生活であれ、世界を客観的に観察し、自らがそれぞれの重力圏に強く引き込まれ過ぎていないかどうか（思い込みの観念にとらわれていないか）をチェックした上で、極端に寄らない道を模索することです。

よいバランスを見出すべき現代的な課題の最たるものは、インターネットに代表されるバーチャル（仮想）世界とリアル（現実）世界の間のバランスではないでしょうか。現代のビジネスの多くはインターネットなしでは成り立たないほど、それに対する依存度は高く、まさにインターネット上のバーチャル世界が、人の欲望を焚きつけるための主戦場となっています。すでに多くの調査結果が示しているように、一日の大半の時間をネットに費やす「ネット依存」者の増加は深刻な社会問題になりつつあります。ＬＩＮＥなどのソーシャルネットワークでのやり取りに多くの時間を費やし、結果的に、スマホがいつも気になり、食事中でも勉強中でも（勤務中に、ということは通常ないと思いますが、勤務中の利用が発覚したバスや電車の運転手の事件が相次いだことがあります）、ついつい手が伸びてしまうという人が少なくありません。デジタルなものに過剰に侵食されている現代社会において、我々は適切なバランスを見つけることができるのでしょうか。

人類は有史以来、道具を作り続けてきました。そして、その道具によって、人間の意識や生活そのものが変えられてきました。道具はモノや獣肉を切断する鋭利な石器のように利便性を追求したものばかりではありません。3万年前には、半神半人の像のような抽象的な造形物も多数作られるようになります。儀礼において使う各種の道具は、利便性を目的とするものではなく、むしろ、日常と非日常をつなぐ役割を担っていました。**現代の我々が、バーチャル・リアリティ（VR）や拡張現実（AR）と呼ぶものの基本型は、すでに太古の宗教経験の中に見出すことができるのです。**

私たちが慣れ親しんでいる日常生活を「リアル」な世界と呼び、日常から隔てられた世界を「バーチャル」な世界と呼ぶとすれば、太古の昔から、人類はリアルとバーチャルの区別と、交流の仕方を知っていました。多くの宗教において、日常世界と超越的世界の交流は、儀礼の中心的位置を占めてきました。シャーマンが死者と生者の間を取り結ぶ、といったことも見られました。宗教は、それぞれの文化や伝統に根ざした、リアルとバーチャルの両世界をつなぐ技法（VR技術）を用いることによって、異世界や超越的世界への扉を開いたり、超越者（神）と対話したり、日常的には顕在化しない個人の魂の深層を垣間見させる役割を果たしてきたのです。また、半神半人の像のように、この世に存在しないものを作ったり、描いたりすることによって、現実の中に目に見えない存在を顕現《けんげん》させました。これは目に見える現実と仮想的な現実を重ね合わせる拡張現実、AR技術といってよいでしょう。

e－安息日——デジタル・デトックスの必要性

このように考えれば、現代の技術革新をいたずらに恐れる必要はありません。むしろ、日常を越えたものとつながりたいという人類の古代からの欲求が現代にまで続いていることを認めた上で、現代特有の課題を対象化していったほうがよいでしょう。現代のネット世界は「いつでも、どこでも」の侵食力を持って、帰宅後の家庭生活にも入り込んできます。**いつでもつながっていることは、自由であると同時に、最大の不自由でもあります。**逃れの場（時間）がないからです。日常の雑事から逃れ、あるべき自分自身を取り戻す時間を確保することの大切さを、聖書は「安息日」によって示していることを、第3章において説明しました（143ページ参照）。この考え方は、デジタル・ライフにも応用することができます。電子的な機器に取り囲まれた時代の安息日ですから、それを「**e－安息日**」と呼んでおきましょう。私たちがリアルとバーチャルの間でバランスを見出すためには、自分自身を電気的なものから「アンプラグ」（プラグを抜く）する時間、e－安息日が必要です。

ネット依存の問題は、いずれの国においても深刻で、近年では**「デジタル・デトックス」**という言葉もよく聞くようになりました。元来デトックスとは、体に蓄積された毒物を排出させることですが、その比喩的表現として、精神の深くまで侵食し、蓄積されているデジタルな依存に向き合い、それを少しでも低減させるのがデジタル・デトックスです。

e－安息日において求められているのは、デジタルな環境からいったん距離を置き（アンプラグし）、自分自身の立ち位置や欲求をできる限り客観的に見つめ直すことです。自分自身を見つめ直すことなど、簡単だと思うかもしれません。しかし、IT社会では、自分自身と向き合う時間がどんどん失われています。たとえば、何か欲しいものがあったとします。インターネットで検索し、より多くの人がよいと判断しているもの、具体的にいえば、評価の星の数が多いものを選び、購入するのではないでしょうか。おいしいものを食べたいと思えば、他の多くの人が「おいしい」と言って、高い評価をつけているお店を選ぶことになります。

つまり、本当に自分自身が何を求め、何を食べたいのか、ということを問うことなく、他の多くの人がよいと判断するものを単に選んでいるだけなのです。このことは、大学選びや就職活動で会社選びをする際にもいえるかもしれません。**人間の欲望は、基本的に他者の欲望の「模倣」ですが、その程度が、現代においては、いっそう強くなり、かつ、自**

動化されていることを自覚する必要があるでしょう。

インターネットは瞬時に答えを返してくれます。自分自身の欲求を十分に確認することなく、私たちは選択することに慣れきっています。自分が何を欲しているのか、じっくり考え、逡巡《しゅんじゅん》し、悩むという経験は、ＩＴ社会の中では失われがちです。私たちの取り巻く世界の状況をじっくり観察し、ひょっとすると非常に偏ったシステムの上で「中道」を見失っているのではないか、と考えることをしなければ、私たちはビッグデータの一部になり、欲求を誘導・制御された消費財の一つになる他ありません。

いかにも便利で快適な世界に私たちは生きています。しかし、その快適さのただ中で、何を失いつつあるのかに注意を向けるためには、「ｅ－安息日」のような休息が必要ではないのでしょうか。

■センス・オブ・ワンダーを持ち続ける

人類は太古よりＶＲやＡＲを求めてきた生き物であり、生来のバーチャル志向です。しかし、近代以前、人間の力をはるかに凌駕する自然の経験が、人間のバーチャル志向に対し、適正なバランサーの役割を果たしてきました。現代は、そのバランサーが急速に失われつつある時代です。e－安息日やデジタル・デトックス（デジタルなものの解毒）は、このような時代的文脈の中に位置づける必要があります。

そのことを別の角度から考えるために、レイチェル・カーソンの『センス・オブ・ワンダー』（新潮社、1996年。原著1965年）から短い一節を紹介します。カーソンは農薬で利用されている化学物質（DDT）の危険性を取り上げた著書『沈黙の春』（1962年）で有名ですが、彼女は生物学者として自然環境問題に取り組んできただけではありません。自然の機微に接する中で養われる感性の重要性について、『センス・オブ・ワンダー』の中で、次のように記しています。

〝もしわたしが、すべての子どもの成長を見守る善良な妖精に話しかける力を持っているとしたら、世界中の子どもに生涯消えることのない「センス・オブ・ワンダー＝神秘さや不思議さに目を見はる感性」を授けてほしいとたのむでしょう。この感性は、やがて大人になってくるとやってくる倦怠と幻滅、わたしたちが自然という力の源泉から遠ざかること、つまらない人工的なものに夢中になることなどに対する、かわらぬ解毒剤になるのです。〟（同書23ページ）

カーソンがこの文章を記した時代と比べ、私たちははるかに多くの「人工的なもの」に取り囲まれています。しかし、それだけに、彼女がすべての子どもに生涯持ちつづけて欲しいと願った「センス・オブ・ワンダー」の重要性はいっそう高まっているといえます。私たちは人工的なものに夢中になりやすく、その傾向を巧みに捉えて、現代の多くのビジネスが成り立っています。そして、私たちは「自然という力の源泉」から、ますます遠ざかっています。神道のセクションで論じたように（214ページ参照）、自然と人間の関係は日本文化においても重要なものですが、自然との距離の変化を、現代の私たちはどのように受けとめればよいのでしょうか。

　単純に人工的なものを否定し、「自然に帰れ」と言っても、問題解決にはならないでしょう。簡単に後戻りできない地点まで私たちは、すでに来てしまっています。しかし、**世界を観察して、ハッと驚き、その不思議さに目を見張る感性は、子どもだけでなく、「倦怠と幻滅」を感じることの多い大人、特にビジネスパーソンにおいてこそ、必要なのです。**幸い、過去のどの時代よりも、私たちは自然の神秘にアクセスすることのできる科学的知識に恵まれています。動物の生態、地球環境の多様性、さらには宇宙の神秘に至るまで、私たちのセンス・オブ・ワンダーをかき立ててくれる知識や情報には事欠きません。そして、**「つまらない人工的なものに夢中になることなどに対する、かわらぬ解毒剤になる」センス・オブ・ワンダーを励起《れいき》する力を、科学に負けず劣らず、宗教も持っていることを本書では論じてきたつもりです。**

TOPIC 3

制御する（される）人生の外へ

科学的思考の特徴――推論と制御

現在、我々は意識することなく科学的な思考の中で生活をしています。**科学の定義は様々に考えられますが、その本質は「推論」と「制御」です。**

偉大な科学者の多くは、自然を観察する中で、この世界が基づいている法則を発見してきました。ＤＮＡのようなミクロな世界から、宇宙のようなマクロな世界に至るまで、次元は違えども一定の法則があり、その法則やメカニズムを推論することが科学者の仕事であるといってよいでしょう。

たとえば、万有引力の法則を発見したアイザック・ニュートンは、りんごが落ちるときの運動法則と、地球が太陽の周りを回るときの運動法則は同じであることを明らかにしました。それ以前、人間が住む地上の法則と、神や天使がいる天上界の法則は異なっていると考えられていましたので、ニュートンの推論は画期的なものでした。

現代科学も基本は同じで、反復可能な実験等によって、法則を推論・実証していきます。ところが、人間はいったん法則やメカニズムを理解すると、それを使って対象を「制御」したいと考えます。

たとえば、物体の運動法則がわかると、大砲を使う際、どれくらいの重さの弾を、どの角度で撃ち出せば、敵陣に着弾するのかを正確に制御できるようになります。このように、科学によって明らかになった法則は技術に（しばしば、軍事技術にも）転用されていきます。科学と技術は「推論」と「制御」という密接な関係にあります。

人間は道具を作り、作り出したその道具によって人間自身が変えられることを先に述べました（２７４－２７５ページ参照）。これを言い換えると、何かを制御しようとして作り出したものによって、人間自身が制御される、ということでもあります。このような、**制御すること・されることのパラドクス（逆説）を正しく観察する知恵**が、現代においては求められているのではないでしょうか。

ビジネスと科学的思考

現代人の生活は科学的思考の影響を多分に受けており、それを認識することによって、宗教が持つ固有の役割も見えてきます。書店に所狭しと並んでいるビジネス書や自己啓発書の類の本もまた、科学的思考の産物です。ビジネスでうまくやっていくためには、どうすればよいのか、という関心はビジネスパーソン共通のものでしょう。それに対し、ビジネスに成功した人の例などを取り上げながら、こうすればうまくいく、といった形で記され、もっともらしい答えや指針を与えてくれるのがハウツー本です。

科学が世界のメカニズムを推論し、その対象を制御しようとするのと同じように、ビジネスの世界においても、成功法則を見出し、それに従って自分自身を制御すれば、うまくいくに違いないというわけです。しかし、実際には成功者の真似をしようとしてみても、前提となる諸条件が異なります。ですから、成功法則のようなものを実践したところで、同じ結果にたどり着く保証はまったくありません。確かに、すべての結果には、そこに至る原因があります。しかし、通常、原因は単一ではありません。その複雑な組み合わせは、人間の推論や制御を超えた偶然的なものです。

宗教も科学も、この世界を観察し、それに説明を与えようとする営みであり、両者を敵対的にとらえる必要はありません。ただし、**宗教は、この世界だけでなく、それを越えた**

ところにも関心を向けようとする点で、科学とは異なります。ビジネスの世界に限らず、現代人は、自分の人生をよりよく生きるため、人生を推論し、目的達成のために、自分自身の生活を制御しようとします。

しかし、我々が成功哲学を記した本を読みあさり、健康食品を食べ、適切なエクササイズを日々欠かさず行ったとしても、予期せぬ形で、ビジネスに失敗したり、病気になったり、事故に巻き込まれたりすることは十分あり得ます。よりよい人生を求めて、用意周到に推論し、生活を制御したとしても、人生には制御し切れないことが起こります。私たちは偶然や不確実性に絶えず、さらされているのです。

科学的な思考は現代生活の基本です。しかし、それだけで人生や世界を説明できると考えるのは、世界を正しく観察しているとはいえません。科学的思考が強くなればなるほど、それを対象化してくれる外部の視点が必要であり、宗教的思考は、その役割を果たすことができます。また反対に、**宗教的思考を批判的に対象化するために、科学的思考が有益である**ことはいうまでもありません。

■科学と宗教、そしてビジネスの未来

21世紀という時代において、科学と宗教、そしてビジネスは、巨大化した人間の欲望、複雑化した知の体系を目の前にして、どこに向かっていくのでしょうか。力と知識がグローバル・ネットワークを介して、果てしなく増殖し、アニマ（霊魂）の行き交う太古の超越的世界とは異なる、人間の手による超越的世界（インターネット空間）が形成されつつあります。動物や巨木などの自然物に霊的力の臨在を感じた太古のアニミズムは、今や、機械、電子ネットワーク、人工知能を媒介とする「**テクノ・アニミズム**」へと姿を変えつつあります。

どんなに科学が発達しても、いまだ人間は地球環境を制御することはおろか、地震の発生さえも予測することはできません。科学が多くの解決を与えてくれるように思える分、皮肉にも、自らの意のままにならない不確実性（人の生老病死はその一部です）が鋭く際立ってきます。科学と宗教は、予測不可能、制御不能な対象（科学と宗教それ自体をも含みます）に向き合う知恵を、分かち合うべきではないでしょうか。新時代のビジネスもまた、この新しい知恵から、多様性、持続可能性、イノベーションを引き起こすヒントを得ることができるはずです。

科学も宗教も、センス・オブ・ワンダーの宝庫です。その力をうまく引き出すことによって、古いものを新しくし、また、古いものと新しいものに新たな組み合わせを与え、持続可能な基盤を作り出すことができます。また、世界に溢れる多様性を観察する中で得られる、新鮮な驚きや発見こそが、イノベーションの種になります。これまでの常識や因習を越えて、働くことの意味を大胆に広げ、掘り下げてみてください。それを可能にする「宝」はあなたの足元にあるかもしれません。

あとがき

日本では、受験生からビジネスパーソンまで勉強熱心です。しかし、義務教育から大学教育に至るまで、教育の基本から宗教を排除してきたため、宗教に関する基礎知識（宗教リテラシー）が十分でないだけでなく、人生をしぶとく、そして柔軟に生きるために必要な宗教的世界観も、きわめて貧弱なものになってしまいました。しかし、学ぶのに遅すぎることはありません。本書が、宗教を学び始める（学び直す）ための手がかりとなればと願わざるを得ません。

学校での学びは、世界の見方について、恐ろしく多くのことを教えてくれているはずなのですが、学歴社会の中では、その学びが人生の成功のための道具に還元されるため、最後は、金儲けにつながるかどうかという実利的な点に落ち着いてしまいがちです。

今の時代、ビジネスパーソンに限らず、金儲けや経済成長に関心が向くのは当然のことです。しかし、人生にはそれ以外の価値もあることを知っておくことは、山あり谷ありのビジネスや生活を長く続けていく上でも大切です。ビジネスや、自分が直接にかかわっている人間関係や組織を相対化する視点を持たなければ、そこにある論理にのみ込まれてしまいます。本書は、繰り返す日常からの脱出、そして日常への帰還の手引きとして読むこともできるはずです。

本書を執筆する際に、宗教に関する数々の文献のお世話になったことはいうまでもありません。しかし同時に、私自身が直接に経験したことが、本書の随所に反映されています。宗教は、知識の扉を開いてくれますが、知識にだけ限定された世界ではありません。書物で尽くすことのできない貴重な出会いや体験を、ただ自分のものとして留めるのではなく、それを多くの人とシェアしたいという思いが、本書執筆の動機にあります。

出会いや体験は、宗教の世界に限定されません。私自身、数々の企業の研修に講師として招かれ、そこで幹部クラスの方々と熱い議論を交わしてきました。製薬、建築、不動産、機械製造、空調、医療器具等々、様々な業界の方々に「宗教」の話題を投げかけ、高いレベルでかみ合った議論ができたことは、正直、驚きの連続でした。このような経験があったからこそ、本書を執筆しなければならないという決意を持続できたのではないかと思います。

とはいえ、日本実業出版社の細野淳氏には、私の多忙のため、原稿を忍耐強く待っていただくことになりました。２０１６年、東京で開催された「同志社講座」の一つ、「ビジネスパーソンのための宗教講座――世界とビジネスを新しい視点で見るために」を私が担当した際に、受講生の一人であった細野氏と初めて出会いました。そして、私の話に強い関心を示してくださった細野氏から、講座終了後、本書執筆の依頼を受けることになりました。

当初は、もっとスムーズに執筆が進むと安易に考えていましたが、話すのと書くのとは大違いでした。熱い関心を持って完成を待ち続けてくださった細野氏に、あらためてお礼申し上げたいと思います。

小原克博

や行

ら行

わ行

ABC

な行

は行

ま行

た行

さ行

索 引

あ行

か行

小原克博（こはら　かつひろ）
1965年大阪生まれ。同志社大学大学院神学研究科博士課程修了。博士（神学）。現在、同志社大学神学部教授、良心学研究センター長。専門はキリスト教思想、宗教倫理学、一神教研究。先端医療、環境問題、性差別などをめぐる倫理的課題や、宗教と政治およびビジネス（経済活動）との関係、一神教に焦点を当てた文明論、戦争論などに取り組む。神道および仏教をはじめとする日本の諸宗教との対話の経験も長い。
著書に『一神教とは何か――キリスト教、ユダヤ教、イスラームを知るために』（平凡社新書）、『宗教のポリティクス――日本社会と一神教世界の邂逅』（晃洋書房）、『神のドラマトゥルギー――自然・宗教・歴史・身体を舞台として』（教文館）、『良心学入門』（共著、岩波書店）、『宗教と対話――多文化共生社会の中で』（共著、教文館）、『原発とキリスト教――私たちはこう考える』（共著、新教出版社）、『原理主義から世界の動きが見える――キリスト教・イスラーム・ユダヤ教の真実と虚像』（共著、PHP新書）などがある。

ビジネス教養《きょうよう》として知《し》っておきたい
世界《せかい》を読《よ》み解《と》く「宗教《しゅうきょう》」入門《にゅうもん》

2018年 10月 20日　初版発行

著　者　小原克博
発行者　吉田啓二

発行所　株式会社日本実業出版社　東京都新宿区市谷本村町3-29 〒162-0845
大阪市北区西天満6-8-1 〒530-0047
編集部 ☎03-3268-5651
営業部 ☎03-3268-5161　振　替　00170-1-25349
https://www.njg.co.jp/

印刷／理 想 社　　製 本／若林製本

この本の内容についてのお問合せは、書面かFAX（03-3268-0832）にてお願い致します。
落丁・乱丁本は、送料小社負担にて、お取り替え致します。

ISBN 978-4-534-05632-0　Printed in JAPAN